中国古代文史经典读本

《论语》选评

汤勤福 撰

上海古籍出版社

中国古代文史经典读本

出版说明

　　上海古籍出版社近六十年来形成了出版普及读物的优良传统。上一世纪，本社及其前身中华书局上海编辑所策划、并历时三十余年陆续出版的《中国古典文学作品选读》与《中国古典文学基本知识》两套各八十种，在当时曾影响深远。不少品种印数达数十万甚至逾百万。不仅今天五六十岁的古典文学研究者回忆起他们的初学历程，会深情地称之为"温馨的乳汁"；而且更多的其他行业的人们在涵养气度上，也得其熏陶。然而，人文科学的知识在发展更新，而一个时代又有一个时代的符号系统与表达、接受习惯，因此本世纪初，我社又为读者奉献了一套"文史哲经典读本"，是为先前两套丛书在新世纪的继承与更新。

　　"文史哲经典读本"集结了普及读物出版多方面的经验：名家撰作，深入浅出，知识性与可读性并重，固然是其基本特点；而文化传统与现代特色的结合，更是她新的关注。吸纳学界半个世纪以来新的研究成果，从中获得适应新时代读者欣赏习惯的浅切化与社会化的表达；反俗为雅，于易读易懂之中透现出一种高雅的情韵，是其标格所在。

　　"文史哲经典读本"在结构形式上又集前述两套丛书之长，或将作者与作品（或原著介绍与选篇解析）乳水交融地结合为一体，或按现在的知识框架与阅读习惯进行章节分类，也有的循原书结构撷取相应内容并作诠解，从而使全局与局部相映相辉，高屋建瓴与积沙成塔相互统一。

"文史哲经典读本"更是前述两套丛书的拓展与简约。其范围涵盖文学经典、历史经典与哲学经典；而在品种上，适应新时代知识浓缩的特点，又简约为文学三十种、历史十种、哲学十种，计五十种。既希望用最省净的篇幅，抉示中华文化的本质精神；又通过三部可分可合的组织形式，以适应广大读者的不同需要。

该套丛书问世近十年，已在读者中享有良好的口碑。为了延伸其影响，本社特于其中选取文学十种，历史五种，请相关作者作了修订或增补，重新排版装帧，图文并茂、印制精美，名之为"中国古代文史经典读本"，以飨读者。

上海古籍出版社

2011年6月

目　录

导　言

　　研究《论语》，实际上是研究孔子，说得准确一些，主要是研究孔子的生平行事和思想观点。

　　研究者最怕的是有关研究课题的资料太多或太少。资料太多，头绪纷繁复杂，自然投入精力大，分析归纳费时；资料太少，则又常常难以理出一条清晰的理路，难下结论。《论语》研究却又是另外一种情况。《论语》全书15825字，其中孔子弟子的言论1100余字，约占7%，因此，这一最重要的有关孔子生平、思想的直接资料并不算多。然而该书流传2500年来，时代变迁而引起语言上的"隔阂"，仅历代学者对《论语》进行注释的书籍就达3000多种（李启谦《近年来孔子研究述评》，载《孔子儒学与当代社会文集》第11页）。其次，后世学者对孔子思想研究的成果更是汗牛充栋，根本无法准确统计其数量。这些著述观点相左，莫衷一是，也不易理清思路。显然，要消化这些成果也颇费时间。

　　由此可见，研究孔子是十分困难的事，然而要想真正了解孔子，又只能从《论语》中下功夫，力争正确理解每一段的含义，否则，要想真正理解孔子思想，是一件十分困难的事情。

　　赵吉惠先生《儒家命运与中国文化》一书中曾讨论"真假孔子"问题，强调真孔子"除了史料真实之外，主要是历史认识上的'真孔子'，即历史学家主体重构的真孔子，而历史认识论上的'真孔子'又只有通过史料的中介和对他进行的价值判断，才能成立"，即使是司马迁的史学名著《史记》所载，"最多也只能是'近似'的真孔子"（第61-62页）。笔者相当赞同赵先生的观点，因为长期以来，确实存在着真假孔子问题，甚至一些国人并没有区分真假孔子，而是将假孔子捧为神明，顶礼膜拜！

笔者并非要贬低孔子，相反，笔者倒认为孔子确实是个伟人，他不但是他所生活时代的伟人，而且影响极其深远，乃至成为世界名人，实是我国"国宝"级的人物之一。如美国出版的《世界名人大辞典》和英国出版的《人民年鉴手册》都将中国的孔子列于"世界十大思想家"之首，其次才是古希腊柏拉图、亚里士多德，意大利托马斯，波兰哥白尼，英国弗兰西斯·培根、牛顿，法国伏尔泰，德国康德及英国达尔文。可见孔子是货真价实的世界级伟人，无论谁也无法推翻这一结论！

但是，承认孔子是伟人，并不是要神话他，而是像赵吉惠先生提倡的"通过史料的中介"来对他进行价值判断，还原孔子本来面貌。因此，客观而又理性的研究孔子，实是每一位学者应该遵循的原则。

如前所述，研究孔子，最为关键的史料是《论语》本身，因此，从《论语》入手研究孔子，乃是最为准确和简捷的途径。当然，适当采信后世文献资料也是必须和必然的，笔者在本书论述中也采用了这些后世文献资料。但是，采信后世文献资料，一定要与《论语》相印证，既不能盲信盲从，又不可随意"生发"。如果不如此，任意引用，随心曲解，那么，"论证"或"阐释"出来的孔子仍然是"假孔子"。

在这里，笔者还须提出：客观地研究孔子，既需要使用比较可靠的资料，也必须从孔子所生活的时代出发来研究他，用中国传统哲学的概念来阐释他。笔者不能同意为了拔高或贬低孔子，采用现代的一些概念、术语，或引用孔子只字片语来分析或判断。假如有人用现代管理思想来"研究"与"分析"孔子，孔子就成了一位前无古人的"管理思想家"。以《论语》中记载的"食不厌精，脍不厌细"、"食饐而餲，鱼馁而肉败，不食。色恶，不食。臭恶，不食。失饪，不食。不时，不食。割不正，不食。不得其酱，不食"（《乡党》等片断，来证实孔子是位"美食家"。诸如此类，确实不利于准确地剖析孔子思想。

或许我们站在中国人的立场上，企望光大中国的传统文化，便可能在疏释孔子思想时带有某种"自豪感"，甚至将后世学者的一些思想观点也归在孔子身上,这样的研究必然会走上偏差的途径。国外学者郝大维、安乐哲《孔子哲学思微》一书中曾指出:"强调传统的人往往不喜欢发动激烈的文化变革。当然这并不意味着他们完全否认变革。在中国传统中,人们总是不断地借助于圣人孔子的权威,掩盖了与孔子学说有重大差别的变革学说;借助于促进传统价值连续性的风俗,从而把自己的学说说成是孔子的学说。如《论语》里,孔子一再避免涉及形而上学问题,但深刻的形而上学著作《中庸》仍然以孔子的名义,将自己归属于孔子。《荀子》也打过孔子的旗帜,而事实上,它代表的是远离孔子学说的一种激进理论。西汉著名的儒家学者董仲舒,与其说是孔子或者先秦儒家的代表,还不如说是西汉调和折衷各学说的巨擘,如此等等。"(第15页)郝大维、安乐哲的提醒,是需要我们予以充分注意的。

坦率说,笔者在本书中的研究,只是自己近年来反复对《论语》研究的一些心得,不敢说已经深得其中三昧,不敢自信已离真孔子比以往学者更近,更不敢说已经"恢复"了孔子本来面貌。其实,恢复孔子本来面貌是完全不可能的事,因为距今2500多年前的孔子所留下的最为原始的资料实在太少!即使《论语》本身,由于时代变迁,各家的解说疏释也不可能都符合孔子原意。因而,笔者根本没有、也不会企望去"一统"诸家,在此只是提出自己的观点而已。

尽管笔者曾对孔子进行过一些粗浅的研究,也发表过几篇不像样的论文,然而既然要下笔,总还是要重新对原始资料再作一番认真考察,以期在尽可能理解资料含义的前提下,作出合理的解释,以反映自己最新的研究心得体会。大致说来,笔者以为孔子是位超前的理想主义的思想家。这一"理想主义"贯穿着他思想的各个方面,然而,孔子的理想主义思想之所以难在当时社会条件下实施,是由于他的理想主义思想与残酷的社会现实之间的矛盾。换句话说,当时的社会条件不适合这种理想主义的生存,由此导致孔子一生的挫折与坎坷。然而,他的理想主义思想具有超前特色,且其中不乏精彩的思想火花,这又为后世社会提供了甚有价值的思想资料,成为历代统治者与许多思想家津津乐道的内容。这真是塞翁失马之事!

还须指出的是,改革开放之后对孔子与儒家的讨论方兴未艾,尤其对儒家性质判断上,即它究竟是"宗教"还是一种传统学问,孔子究竟是"教主"还是思想家,众说纷纭,难于统一。

在笔者看来,各方争辩的关键是思考的立场问题。

站在"神化"立场来疏释孔子言论中的"微言大义",将孔子神圣化,必然得出这位前圣是万世常新的"教主",因为他的一言一行都能对后世有着无穷的启示或意义。因此,孔子成为"神"(教主),后世之人只剩下顶礼膜拜的权力。如此,只能是对儒家的宗教化起着推波助澜的作用。

以"人化"立场来阐释孔子,还原孔子本来面貌,正确疏释孔子言论,分清孔子之语还是后世学者的阐发,那么就会使我们更理性、更清楚地了解真正的孔子,我们就能正确继承乃至发扬他思想中的一些因素。

其实,孔子是个理想主义者,为创立儒家和建立梦寐以求的理想社会而奋斗了一生。他确实具有某些"超前意识",不少见解远远高于同时代的学者甚至后世学者,而且在相当长的一段时间中起着作用。正因为此,孔子思想本身就有被"神化"的条件与可能。历代学者对孔子很少有批评意见,就与此有关。

然而,孔子毕竟是生活在2500余年前的思想家,他的言论只能是当时社会的反映,从总体上说,孔子思想只能在类似的社会条件下起着作用。当然也由于他具有"超前意识",某些见解也确实会具有对后世的启示意义。因此,孔子思想就可能延续较长时间。然而我们知道,任何一种思想的产生与演化都与时代条件密切相关,随着时代条件的变化、社会的发展,任何一种思想不可能千秋万代地完全适应这种变化,于是它们都迟早会被淘汰出局。因而,从理论上说,孔子思想也不可能千秋万代地传承下去,退一万步来说,最多也只能是他思想中某些因素能较长期地流传。

　　或者有人会说，孔子思想不是传承至今，仍然在起着作用吗？这不说明孔子思想有着"超时代"的效用吗？回答是否定的。首先，传承至今并非是孔子思想的全部，更不代表孔子思想的原意。所谓不是孔子思想的全部是明确的，现在谁也不会将《论语》中所有之语作为正确的观点来传播。所谓不是孔子思想的原意，即历代（包括现代）学者的解释早已与孔子思想本身有相当的距离。其实，后世疏释，包括现代流行的各种"阐释"，那只是疏释（阐释）者的意思，与孔子原意是否一致是很难确保的。当然，后世学者可以发展孔子思想，改变其不合适新时代需要的因素，而创立新的观点或见解。但，这也与孔子思想本身无关。例如"内圣外王"，孔子何尝有此说法？这只是后人从孔子思想中生发出来的东西。你说成是新儒家的某一代观点自然没有问题，但说这是真正继承或光大了孔子思想，那就难以被众多学者接受。

　　这里还须区分孔子思想与优秀的文化传统的关系。我们并不否认孔子思想中确有比较先进的思想因素，某些思想因素可以在现在乃至今后很长一段时间内发扬光大。在笔者看来，其实孔子思想中某些可以发扬光大的优秀思想因素，已经深深地融入中华民族的优秀文化传统中去了。历代思想家包括广大民众，保持、发扬乃至发展了孔子这些优秀思想因素，因而，既可以说是孔子思想原意，也可以说是中华民族的创新。如果仅仅归功于孔子一人，也是有失公平的。

　　当然，我们也反对把某一思想家对后世有较大影响就说成是"宗教"，因为什么是宗教毕竟是有具体规定的，只有符合这些条件才能归入宗教范畴，否则只是某一思想流派而已。如果不具体区分开来，那么历代乃至现代许多有较大影响、传承较久的思想都可以归入宗教了，这样，只能混淆思想与宗教的界限。那么，如论你出于回应西方思想文化的挑战也罢，弘扬中华文化或批判落后的陈旧思想也罢，结果都将适得其反。

　　因此，笔者主张把孔子"还原"为人，而不必把孔子"尊奉"为神，因为这样才能对正确评价孔子思想有积极的意义。把儒家作为一种学问来研究，那么孔子就不会成为"神"，把儒家作为一种教义来崇扬，那么孔子就必然成为"教主"！

笔者需要再次强调的是，本人的解说难保无错失，只是提出来，以期让人们真正来了解这位有着世界影响的大思想家。

在讨论孔子思想之前，还有必要简单叙述一下孔子的生平状况。

记载孔子生平、思想现存最可信的资料当然是孔子弟子收集并整理的《论语》一书，以及《左传》、《公羊传》、《穀梁传》等距孔子生活年代较近的有关著述，司马迁的《史记》虽较晚出，但此书对资料引用十分谨慎，考证功力很深，因此也较为可信。其他战国诸子如庄子、墨子、孟子、荀子、韩非子等人的著作，后世编著的《孔子家语》、《孝经》、《易传》、《礼记》、《仪礼》等著作，也有较大的参考价值。实际上，在《尹文子》、《列子》、《晏子春秋》、《吕氏春秋》、《新语》、《新书》、《淮南子》、《春秋繁露》、《盐铁论》、《新序》、《潜夫论》、《白虎通义》、《论衡》、《说苑》等书中，都或多或少地记载着有关孔子的资料，当然在选用这些资料时还需加以甄别。尽管列举了这些著作，但由于作者们的立场不同，所据资料不同，因此其中内容可信程度也是不一样的。

根据《穀梁传》与《公羊传》可知，孔子字仲尼，春秋时期鲁国陬邑昌平乡阙里（今山东曲阜）人，生于公年前551年十月庚子（公历为9月28日），公元前479年二月去世，享年73岁。他是我国儒家学派的创始人，是中国乃至世界最有影响的大思想家之一。

孔子生活在春秋后期的社会大变动时期。当时，由于铁制工具的使用和牛耕技术的推广，社会生产力有较大的提高，大量荒地被开垦出来，私有土地数量激增，促使原有的那种"溥天之下，莫非王土；率海之滨，莫非王臣"式土地国有制的生产关系已经不适合土地私有制的发展了。贵族们对权力、土地与财产的渴望，导致他们之间激烈的冲突，诸侯国之间开疆拓土，掠夺财富，导致日趋频繁的战争。周天子尊严扫地，王室衰微，诸侯争霸，"礼崩乐坏"，一个崭新的社会即将诞生！这就是孔子思想赖以产生与发展的社会土壤。

　　孔子祖上是宋国贵族，属于商王室后裔，因战乱而避居鲁国。他的父亲叫叔梁纥，是一位以勇力闻名的武士，曾担任过鄹的大夫。据司马迁《史记》记载，"纥与颜氏女野合而生孔子"，这里仅说孔子生母姓颜，而北齐刘昼《刘子·命相》"颜徵感黑帝，而生孔子"，是否可信，存疑。孔子大概三岁时父亲就去世了，家道中落，因此可以推断他幼年生活是不幸的。

　　孔子幼年曾从事"鄙事"，他自述"十有五而志于学"，大概在15岁左右开了比较系统的学习。据现存资料大致可知，孔子曾向老聃求教过礼学、向师苌学习乐、向师襄学过琴，显然，他年轻时期的经历，"学无常师"的学习、受教育的途径，为他积累知识、成为比较博学之人创造了条件。

　　长大成人后，孔子从事过为人料理丧事的工作，担任过管理仓库的"委吏"和管理牧场的"乘田"。鲁昭公二十五年（前517），30多岁的孔子首先到了齐国，企望在齐国干一番事业。这在《论语》中有所记载。如"齐景公问政于孔子。孔子对曰：'君君，臣臣，父父，子子。'公曰：'善哉！信如君不君，臣不臣，父不父，子不子，虽有粟，吾得而食诸？'"（《颜渊》）另外，《微子》记载"齐景公待孔子曰：'若季氏，则吾不能；以季孟之间待之。'曰：'吾老矣，不能用也。'孔子行。"从上述两段资料可见，孔子在齐国提出过"君臣父子"的理论，而齐景公虽然肯定过孔子的这套理论，但齐国贵族对孔子的"君臣父子"的理论并不喜欢，齐景公也不肯任用孔子，孔子只得离开齐国。显然，孔子的"君臣父子"理论并未在齐国得到重视与推行，齐景公自称　"吾老矣"显然是托词，因为在孔子离开齐国之后还执政近30年。

　　孔子创办私学时间很难考证清楚。据《史记》记载，孔子"年十七，鲁大夫孟釐子病且死"，"及釐子卒，懿子与鲁人南宫敬叔往学礼焉。是岁，季武子卒，平子代立"，换句话说，至少此时孔子已招有学生授学了。但这还不能算正规创办私学。因为所谓"私学"是打破"学在官府"体制、向平民进行教育的产物，而懿子与南宫敬叔都是贵族。现存资料中未见孔子在齐时招有大量学生的记载，而《史记》中还有孔子"自周反于鲁，弟子稍益进焉"的记载，也就是说，孔子自周王朝返回后才有较多的学生，当起了专职的老师，可以靠收取学生给他的报酬——"束脩"来维持生活。因此，大致可以肯定的是，孔子是在自齐返鲁到赴周返鲁之际，开始创办私学的，而具体在何时则难以确认。

孔子创办私学，这在当时是件破天荒的大事。我们知道，当时所谓"学在官府"，是指贵族才有学习文化知识的特权，因此文化知识的传播仅限于贵族这一狭窄的范围之内。而孔子打破了这一限制，促进了教育的发展，这不能不说是一项极其重大的创新。因此，后世统治者称誉他为"万世师表"，在整个封建时代中被称之"圣人"，这也不是没有一点道理的。在教育史上，人们将孔子作为中国历史上第一位大教育家，也是名符其实的。

孔子创办私学，收徒教学，跟随他学习的人很多，《史记》卷四十七《孔子世家》、卷六十七《仲尼弟子列传》所记孔子弟子甚多，可参见。所称孔子有"弟子三千，贤者七十二"，但"三千"不是实指，仅是指多而已；而"七十二"也难指实，因为根据《论语》与《史记》所载，这"七十二"很难落实，即使现在所了解的孔子弟子，能说成"贤者"恐怕也没有这么多。据有关资料记载，孔子学生有颜渊（颜回）、有子（有若）、曾晢（曾点）、曾子（曾参）、子路（仲由）、子贡（端木赐）、闵子（闵子骞）、子夏（卜商）、子张（颛孙师）、子贱（宓不齐）、子羔（高柴）、子游（言偃）、子华（公西赤）、公伯寮、公冶长、樊迟（樊须）、冉子（冉有）、冉伯牛、司马牛、南宫适（南容）、孔鲤、原思（宪）、漆雕开等人。至于向孔子求教过各种知识者，上到诸侯、大夫，下到平民。

由于收徒教学，且与诸侯、大夫交往，孔子学术声望越来越高。鲁定公九年（前501），51岁的孔子终于被任命为鲁国的中都（今山东汶山县境内）的最高的行政长官中都宰。不久，孔子又升为司空，主管鲁国的建筑等事务。定公十年，孔子担任司寇，即主管司法刑狱的长官。从中都宰到司寇，孔子在鲁国前后任职约四年。定公十三年，由于孔子所宣扬的理论与鲁国政治局面并不吻合,于是孔子弃官出走,带走一批学生周游列国。此后14年中,孔子先后到过卫、陈、曹、宋、郑、蔡等国,游说诸侯与诸国执政者,宣扬自己的政治思想与主张,然而并没有一个国家对此感兴趣,因此孔子到处碰壁,颠沛流离而郁郁不得志。

鲁哀公七年(前488),南方强国吴的势力已经对鲁国构成威胁,并出兵攻打鲁国。虽然鲁国击退了吴国,但鲁国早已不是当年的强国了,国力江河日下,执政的季康子深深感到国危情急,迫切需要大量人才来保卫国家,于是把孔子的弟子冉有召回。不久,齐国入侵鲁国,冉有率军打了胜仗,击败齐国。于是,冉有乘机向季康子推了自己的老师孔子。不久,季康子派遣使者,带着礼品,赴卫国礼迎孔子。于是,孔子返回了故国,结束了在外漂泊不定寄人篱下的生活。

实际上,孔子返回鲁国并未得到重用,虽然鲁国的执政也向他咨询过一些政事,但并不重视他的见解。孔子也只得接受这一严酷的现实,于是他转而致力于教育活动,并集中精力,先后整理了古代文献《诗》、《书》、《礼》、《乐》、《易》,还将鲁国史书《春秋》进行删改,编成《春秋》一书。这就是孔子修"六经"。孔子修订的古代文献,除《乐》之外,其他都保存下来了,他为我国古代文化事业的发展作出了极大的贡献。可以说,孔子是我国最早的最伟大的文献学家。

如上所述,孔子返回鲁国并未春风得意,就连他唯一的儿子孔鲤也先于他而去。孔子年老丧子,受到极为沉重的打击。其实这仅是一连串打击的开始。鲁哀公十四年(前481)夏,孔子最倚重的弟子颜渊去世。孔子顿足痛哭:"噫!天丧予!天丧予!次年,卫国发生政变,曾长期跟随孔子的弟子子路被人杀死。这一连串的打击对孔子来说无疑是极其沉重的。鲁哀公十六年(前479)夏历二月十一日,孔子与世长辞,走完了这令人感叹不尽的一生。

就当时来说,孔子确实是一位百科全书式的学者。现在保存下来的由他弟子收集整理的《论语》,内容极其丰富,涉及孔子的社会政治主张、哲学观念、教育学说、伦理思想、道德修养,以及为人处世之道等等方面。

笔者通过对《论语》的解读，感悟到孔子是位理想主义的思想家，他一生的言行都表现出他对"理想"的追求。从《论语》与其他现存有关的资料来分析，孔子主观愿望是想建立一个自己所希望的理想社会，这一理想社会中的制度、伦理、人格、人际关系、教育等等，都应该是完美的。

需要强调的是，孔子是"理想"主义者，而不是幻想家，也不是空想主义者。因为幻想只是虚玄神游，而空想则是毫无现实基础。孔子的理想主义仍有一定的现实基础。换句话说，他的理想主义思想是基于当时的历史条件下提出的，然而又是超越了他所生活的那个时代的现实。因此，孔子所追求的"理想"社会并没有在他那个时代中出现，这是由于当时的社会现实与他理想之间的巨大反差所导致的。当然，社会现实没有让孔子实现其理想，并不能等同其理想毫无价值。恰恰相反，在笔者看来，孔子的理想不但有价值，而且有相当的价值。因为这一理想从总体上说，反映了时代潮流的发展趋势，因此，他的思想才会被他后学所继承并发展，对其他学派的学者也有一定影响，而且在之后长达两千年的历史中发挥着其他思想所无法替代的作用。否则就不能解释孔子的思想为什么被后人所接受，而且发挥相当大的作用。值得补充的是，过去有学者认为孔子是个倒退的、保守的、落后的思想家，其实这个观点不能成立，因为把孔子说成是倒退、保守、落后的思想家，那么就不能解释为何他的思想会被后人接受与发挥了。可见，这种观点不符合历史事实，不能成立。当然，笔者并不否认孔子思想中确实也存在一些比较落后的观点或因素，但比较而言，他思想中的积极成份远远超过其落后部分。

我真正接触孔子思想，是改革开放之后。我是77级大学生，虽说那时已经开始扭转极左思潮的影响，但毕竟老师们上课仍心存顾忌，讲《论语》时对孔子评价总不是那么清晰。走上工作岗位，由于我对思想史比较感兴趣，自然须浏览有关思想史的著述，在阅读过程中，发现时贤对孔子研究中尚有一些疑问无法解答。因此苦思冥想，逐渐形成一些比较浮浅的想法，但限于学力，不敢写成论文。1995年夏，我在南开大学历史系取得博士学位后，到上海师范大学古籍所工作。1996年初，一位朋友介绍说，名医裘沛然先生欲找一位研究孔子的学者做助手，合作写一本有关孔子思想的著作。我欣然而往。裘先生是一位大家，对我开导颇多。我撰写了有关提纲，还写了部分内容，在向裘先生汇报时才发现自己想法与观点同裘先生差异颇大。因此，我们很愉快地解除了合作。之后，我将自己的一些粗浅想法写成一些论文，发表出来向学界同仁求教。现在有机会将自己对孔子的研究系统写出来，应该说是一件十分高兴的事。

根据自己研读《论语》的心得，书稿将孔子作为一位理想主义思想家，恐是我一家偏颇之说，不敢妄论已是定论。按理说，本书还应该对孔子的哲学思想列专节论述，而且最后部分应该再讨论一下儒教、新儒学问题，但考虑到此书体例与篇幅限制只得作罢了。

本书尽可能做到每段《论语》原文在最早出现的一章加以注释，但考虑到每部分的平衡，因此也有一些作出变通，极个别重要史料出现两次，但第二次出现一般就不加注释了。

一、理想社会

　　要想了解一位学者的思想，肯定要抓住其思想核心。然而，要想抓住孔子思想核心，似乎有些困难。因为学者们至今对孔子思想核心有不同看法，争论不休，在许多问题上观点并不统一，也无定论。

　　本章将要讨论的是孔子的社会政治思想问题。细查一些学者的论著，如有些认为孔子社会政治思想核心是"仁"，有的说是"礼"，有的说是"和"，不一而足。

　　事实上，从《论语》一书反映出来的是，孔子所论涉及面极广，而且对同一概念，在不同的时间、与不同人讨论时，论述也有极大差异。况且，我们所讨论的主要依据《论语》，是孔子弟子收集整理的孔子在不同时间、不同场合间的言论。因此，由于所说的时间不同，所针对的对象不同，记录者不同，这就使《论语》中所记载下来的内容纷繁复杂。加以时代变迁，语言文字含义的变化，使我们确实难以十分准确地疏释《论语》一书，很难准确把握孔子思想脉络。如果我们只是从只言片语中去解释孔子，只抓住了孔子思想的某一个侧面而不及其余，就会导致瞎子摸象那样的结果，最终完全可能疏释出不同的孔子思想，也许再争论一百年，也不会有结果。

　　这个问题应该放在比较宽阔的前提下去讨论，可能会避免争论。

　　孔子思想确实是极为复杂的，但从综合角度来分析，实际上仍然能梳理出一个比较完整的体系。在笔者看来，孔子是一位理想主义思想家，他的许多论述都可以看出其理想主义色彩，如他对理想社会的描绘、对建立理想国家的追求，对理想人格的论述，实施的理想主义的教育等等，大致可以形成一个比较完整的理想主义思想体系。因此，笔者就自己多年来研读《论语》的理解与体会加以展开，试图从这一新的角度来整体把握和分析孔子。当然这只是一家之说。

1.天下与邦、国

子曰:"巍巍①乎,舜禹之有天下也而不与②焉。"

——《泰伯》

① 巍巍:崇高貌。
② 不与:此为不私有。

舜有臣①五人而天下治。武王曰:"予有乱臣②十人。"孔子曰:"才③难,不其然乎? 唐虞之际,于斯为盛。有妇人④焉,九人而已。三分天下有其二,以服事殷。周之德,其可谓至德⑤也已矣。"

——《泰伯》

① 臣:贤臣。
② 乱臣:治国能臣。
③ 才:人才。
④ 妇人:指周武王时期人才中有一位妇女。
⑤ 至德:最高的德行。

孔子曰:"天下有道①,则礼乐征伐自天子出;天下无道,则礼乐征伐自诸侯出。自诸侯出,盖十世希不失矣;自大夫出,五世希不失矣;陪臣②执③国命,三世希不失矣。天下有道,政不在大夫。天下有道,则庶人不议。"

——《季氏》

① 有道:指先王之道。
② 陪臣:指大夫的家臣。
③ 执:执有、掌握。

子贡曰:"管仲非仁者与? 桓公杀公子纠, 不能死, 又相之。"子曰:"管仲相桓公, 霸诸侯, 一匡天下, 民到于今受其赐。微管仲, 吾其被发左衽①矣。岂若匹夫匹妇之为谅②也, 自经③于沟渎而莫之知也?"

——《宪问》

---

① 被发左衽: 披散头发、衣襟左开。被发左衽指代当时落后民族。被同披。
② 谅: 诚信。
③ 自经: 自缢。

子谓南容①:"邦②有道, 不废; 邦无道, 免于刑戮。"以其兄之子妻之。

——《公冶长》

---

① 南容: 即南宫括(一作适), 字子容, 孔子弟子。孔安国称其鲁人。
② 邦: 邦国。

子曰:"笃①信好学, 守死善道。危邦不入, 乱邦不居。天下有道则见②, 无道则隐③。邦有道, 贫且贱焉, 耻也; 邦无道, 富且贵焉, 耻也。"

——《泰伯》

---

① 笃: 坚定。
② 见: 同现, 即当官。
③ 隐: 隐居, 即辞官。

子张问:"士何如斯可谓之达①矣?"子曰:"何哉, 尔所谓达者?"子张对曰:"在邦必闻, 在家必闻。"子曰:"是闻②也, 非达也。夫达也者, 质直③而好义, 察言而观色, 虑以下人④。在邦必达，在家必达。夫闻也者，色取仁而行违，居之不疑。在邦必闻，在家必闻。"

——《颜渊》

① 达：闻达，即名声在外。子张理解的"达"指名声，而孔子所说"质直而好义"之"达"是从道德角度立论，与子张所说不同。
② 闻：名声。孔子说的"色取仁而行违"之"闻"，实指骗取名声之意。
③ 质直：品质正直。
④ 下人：使自己在他人之下。意指退让。

"道①千乘之国，敬事②而信，节用而爱人③，使民以时。"

——《学而》

① 道：治理。
② 敬：以……为敬。敬事，即以事为敬。敬，恭敬、端肃。
③ 爱人：此人字指官吏。

在《论语》中，孔子使用"天下"与"邦"、"国"是不同，天下是指整个社会或指一统王朝，而邦、国则指诸侯统治下的具体国家。众所周知，春秋之前，夏、商、西周名义上都是一统国家，"溥天之下，莫非王土；率海之宾，莫非王臣"，因此，夏、商、西周三朝统治者是"天子"，其统治之下的国土便有"天下"之称。

《论语》中"天下"一词共使用23次，毫无例外是指一个权威统治者统治之下广大的区域。因此尧、舜、禹统治时期的区域，夏、商、西周三朝统治时期的区域都可称之为"天下"。如说"巍巍乎，舜禹之有天下也而不与焉"（《泰伯》）、"舜有臣五人而天下治"（《泰伯》）、"天下有道，则礼乐征伐自天子出；天下无道,则礼乐征伐自诸侯出"(《季氏》)等等都是这个意思。当然,天下一词似乎还有更为广泛的内涵,从"三年之丧,天下之通丧也"(《阳货》)一语可知,这"天下"含义更加广阔,类似整个人类社会之意。因此,笔者以为虽然只有在一定的地方可以把《论语》中的"天下"译为"国家",但译为"社会"似不会有大的失误。因为译为"国家",那么就会与诸侯之国混淆起来。

"邦"在《论语》中共出现48次,都是指诸侯之国。春秋之后,周王室式微,周天子威望扫地,号令不出成周,诸侯坐大争霸,各自为政。对这些"隶属"于周王朝的诸侯之国,孔子称之为"邦"、"国",只有提到周天子时才说"天下"。如《宪问》载孔子之语:"管仲相桓公,霸诸侯,一匡天下,民到于今受其赐。微管仲,吾其被发左衽矣。"这里的"一匡天下"指维护周天子的"天下"。孔子评价南容,"邦有道,不废;邦无道,免于刑戮","邦"是指诸侯之国。"笃信好学,守死善道。危邦不入,乱邦不居"(《泰伯》),此"邦"亦是指诸侯之国。"在邦无怨,在家无怨"、"在邦必闻,在家必闻"、"在邦必达,在家必达"(《颜渊》)中的"邦"含义都相同。

"国"在《论语》中出现10次,与"邦"含义一样,指诸侯之国。"道千乘之国,敬事而信,节用而爱人,使民以时"(《学而》)、"千乘之国,摄乎大国之间"(《先进》)、"为国以礼,其言不让,是故哂之"(《先进》)、"丘也闻有国有家者,不患寡而患不均,不患贫而患不安"(《季氏》)等,其中"国"字均是指诸侯之国。在《论语》中,孔子比较严格地区

唐代开成石经

分出"天下"（整个社会、大一统之国）与"邦""国"
（各地诸侯之国），而具体对它们的评述是完全不一
样的。这一点应该引起我们充分的注意。

实际上，孔子这种区分有其特定的目的，因为在
他看来天下是个统一的区域，由一个具有至高无上
权威之人统治着，这个统治者就是"天子"。而"邦"、
"国"则是诸侯之国，它是"天下"之下的一个层次。
统治者则按其爵位分别称"公、侯、伯、子、男"，他们
只拥有对本邦国的管辖权，既不能干涉其他诸侯国
的事务，更不允许僭越擅权、违礼而行。在孔子看来，
天子统治着天下，他虽具有至高无上的权力，但必须
遵循礼制规范而实施自己的权力，如此才能使"天下
有道"，政局清明、社会和谐、百姓安宁。

区分出"天下"与"邦"、"国"是有意义的，因为
这两个概念确实体现出孔子对于大一统社会的向往，
对稳定社会的企望，对良好而又规范的礼制的期盼，

这应该说是有积极意义的。

这里区分开"天下"与"邦"、"国",因为它比较符合孔子原意。我们可以从后面的论述中发现,理想社会是孔子追求的终极目标,而理想国家只是在当时条件下能够实现的国家形式。因此,这些是既有联系、又有区别的概念,是不可混淆的。

2．理想社会的模式

子曰:"夏礼,吾能言之,杞^①不足征也;殷礼,吾能言之,宋^②不足征也。文献^③不足故也。足,则吾能征^④之矣。"

——《八佾》

---

① 杞:杞国,夏禹后代的封国,原在河南杞县。
② 宋:宋国,商汤后代的封国,在今河南商邱县南。战国时亡。
③ 文献:《朱子语类》卷二十五称文献为典籍、贤人。
④ 征:引证。

子曰:"周监^①于二代,郁郁^②乎文哉! 吾从周。"

——《八佾》

---

① 监:通鉴,即借鉴。
② 郁郁:盛貌。

子曰:"甚矣吾衰也! 久矣吾不复梦见周公。"

——《述而》

公山弗扰^①以费叛,召,子欲往。

子路不说,曰:"末之也,已,何必公山氏之之也?"

子曰："夫召我者,而岂徒哉?如有用我者,吾其为东周②乎?"

——《阳货》

① 公山弗扰:人名,不详何氏。公山弗扰以费叛,史无明文,学者看法不一。
② 东周:《史记集解》引何晏:"兴周道于东方,故曰东周也。"

子曰："大哉尧之为君也!巍巍乎!唯天为大,唯尧则①之。荡荡乎,民无能名②焉。巍巍乎其有成功也,焕乎其有文章!"

——《泰伯》

① 则:效法。
② 无能名:没有办法称赞。名,称名,即称赞。

子曰："禹,吾无间①然矣。菲②饮食而致孝乎鬼神,恶衣服而致美乎黻冕③,卑宫室而尽力乎沟洫。禹,吾无间然矣。"

——《述而》

① 间(jiàn):嫌隙,此作批评。
② 菲:微薄,此指粗食,即吃得很差。
③ 黻冕:指祭祀时的礼帽。

尧曰："咨!尔舜!天之历数①在尔躬,允执其中②。四海困穷,天禄永终。"舜亦以命禹。

曰："予小子履③敢用玄牡④,敢昭告于皇皇后帝:有罪不敢赦。帝臣不蔽⑤,简⑥在帝心。朕躬⑦有罪,无以⑧万方;万方有罪,罪在朕躬。"

周有大赉⑨，善人是富。"虽有周亲，不如仁人。百姓有过，在予一人。"

谨权量，审法度⑩，修废官，四方之政行焉。兴灭国⑪，继绝世⑫，举逸民⑬，天下之民归心焉。

所重：民、食、丧、祭。

宽则得众，信则民任焉⑭，敏则有功，公则说⑮。

——《尧曰》

---

① 天之历数：即天之命，上天的命令。
② 允执其中：允，用以；执，把握；中，不偏不倚为中，意为正确。全句意思是用以正确地把握它。
③ 予小子履：指商汤。予小子，是上古帝王自称之词；履，据说商汤名履。
④ 玄牡：玄，黑色；牡，雄，此指雄牛。
⑤ 蔽：隐瞒。
⑥ 简：区别、选择。简在帝心，意为在您上帝心中区别出来，即有罪瞒不过上帝，上帝心中十分清楚。
⑦ 朕躬：我本身，我本人。
⑧ 无以：不要以此（责怪）。意指不要牵连天下的其他人。
⑨ 赉：赏赐。
⑩ 审法度：杨伯峻《论语译注》认为"法度"不是法律制度，而是度量衡中的长度分寸尺丈。朱熹认为"礼乐制度"都属于"法度"，似可。
⑪ 灭国：被灭亡的国家。
⑫ 绝世：绝，断绝。绝世指已被灭亡国家的后代。
⑬ 逸民：即佚民，避世隐居之人。
⑭ 信则民任焉：《论语译注》指出此五字为衍文。
⑮ 说：同悦，高兴。

有学者认为，孔子理想社会的模式是夏、商、周三代。从广义上说，这一说法并无大错，因为孔子在描述理想社会时确实对三代大为赞赏。但是需要注意的是，孔子距夏、商年代久远，实际上他对夏、商社会的认识并不清晰。他坦率承认："夏礼，吾能言之，杞不足征也；殷礼，吾能言之，宋不足征也。文献不足故也。足，则吾能征之矣。"(《八佾》)因此，孔子心目中的理想社会的模式其实是承继夏、商而来的周王朝。也就是说，西周时期的社会模式才是孔子的理想模式。孔子曾强调说："周监于二代，郁郁乎文哉！吾从周。"(《八佾》)甚至他在晚年还说："甚矣，吾衰也！久矣，吾不复梦见周公！"(《述而》)那么，孔子为什么这样崇拜西周、崇拜周公呢？实际上，那是由于孔子之时，西周社会保留下来的史料或说资料较为丰富，因此他对西周社会有相当的了解，于是使孔子崇信西周社会制度，把它作为理想社会的模式来顶礼膜拜。《阳货》中有段话就十分明确地表现出孔子的这一想法：

> 公山弗扰以费畔，召，子欲往。
>
> 子路不说，曰："末之也，已，何必公山氏之之也？"
>
> 子曰："夫召我者，而岂徒哉？如有用我者，吾其为东周乎？"

这里需要指出，清代学者对这段话有过怀疑（参见杨伯峻《论语译注》第182页注），但笔者以为，《论语》毕竟流传有序，至今没有可靠证据能够否定这段话，因此笔者仍信此语为孔子所说。我们暂且不讨论孔子假如真的赶赴公山弗扰处后，是否能够实现自己"为东周"的理想，先讨论"东周"一词的疏释问题。《史记集解》引何晏之语解释道："兴周道于东方，故曰东周也。"(《史记》卷四十七《孔子世家》引《集解》)笔者以为这一解释是正确的，即孔子希望使周文王、武王和周公之道复兴于东方。如果我们承认这段话确实出于孔子，那么就可以看出孔子所追求的理想社会是文、武、周公统治时期的西周大一统王朝的社会模式。其实，这段话的核心正在"吾其为东周"上面，即孔子提出自己的理想社会模式问题。

那么为什么孔子对周王朝如此崇拜，而不以尧、舜、禹时期或夏、商王朝作为理想社会模式呢？其实原因不外于上面已提及过的：从时间上看，尧、舜、禹时期毕竟相距久远，流传到春秋末年，没有更多资料作为孔子阐述理想社会的可靠依据，前引孔子"夏礼，吾能言之，杞不足征也；殷礼，吾能言之，宋不足征也。文献不足故也。足，则吾能征之矣"便是明证。除此之外，便是文、武、周公统治下的西周社会与尧、舜、禹时期及夏、商王朝是一脉相承的，孔子确实将西周王朝作为尧、舜、禹、商汤之类圣王的继承者，认为其社会制度与尧、舜至商汤没有本质不同。这在《论语》中也有资料可以印证。

其实，我们可以认为孔子之所以赞美尧、舜、禹时期与夏、商王朝，是他对这些圣人所制定的礼仪制度的向往，对这些圣人个人人品的肯定。这在《论语》中有明确的记载。例如他称赞道："大哉尧之为君也！巍巍乎！唯天为大，唯尧则之。荡荡乎，民无能名焉。巍巍乎其有成功也，焕乎其有文章！"（《泰伯》）意思是，作为圣君的尧，效法极其崇高伟大的天，而百姓简直无法用语言来称颂他，他的功绩实在太崇高了，他的礼仪制度也太完美了。孔子又说："巍巍乎，舜、禹之有天下也而不与焉！"（《泰伯》）意思是舜、禹贵为天子多么崇高啊，但他们仍是一点不为自己。他还说："禹，吾无间然矣。菲饮食而致孝乎鬼神，恶衣服而致美乎黻冕，卑宫室而尽力乎沟洫。禹，吾无间然矣。"(《泰伯》)显然,孔子对禹这个圣人简直崇拜得五体投地,说自己对他已提不出任何意见。这是因为禹自己吃得很差,祭祀则十分丰盛;穿得很破,祭祀服装却极其华美;住得很差,然而竭尽全力去修筑沟渠。因此,孔子认为对这样的人是没有办法再进行批评了。虽然《论语》中也就是这么几段话,至少我们可以看出孔子对尧、舜、禹这些圣贤统治时期的赞美与向往。

实际上,就目前所知文献或考古发现的资料来说,夏王朝的制度确实难以勾画清楚,因为没有详实可靠资料来加以印证,我们是不能随意"描绘"夏王朝制度的框架的。而殷商时期保存下来的那些甲骨文占卜资料,参照一些文献所载,似乎大致可以使人们认识殷商时期至少已经建立十分完善的宗教礼仪制度。《礼记·表记》载:"子曰:'夏道尊命,事鬼敬神而远之,近人而忠焉,先禄而后威,先赏而后罚,亲而不尊。其民之敝:蠢而愚,乔而野,朴而不文。殷人尊神,率民以事神,先鬼而后礼,先罚而后赏,尊而不亲。其民之敝:荡而不静,胜而无耻。周人尊礼尚施,事鬼敬神而远之,近人而忠焉,其赏罚用爵列,亲而不尊。其民之敝:利而巧,文而不惭,贼而蔽。'"虽然《礼记》是后出资料,主要强调夏、商、周三代在礼仪内容、形式上的侧重不同,但我们从甲骨文所载大量商王朝占卜资料中,至少可以证实"殷人尊神"的事实,可以印证商朝之人对宗教礼仪的重视,而千万牢记,恰恰宗教礼仪是早期国家制度的重要组成部分。当然,笔者仍要强调,虽然甲骨文所载可以从一些方面来证实商王朝制度的某些内容,然而这毕竟是零碎而不完整的，难以使我们完整地勾画出商王朝的制度体系。也许有人会从后出资料来勾勒商王朝（乃至夏王朝）比较完整的社会制度，但毕竟这些资料仍是后人所说，所能"证实"的程度毕竟有限。其实就连孔子这位生活在春秋时期的大学者都无法准确了解夏、商两朝制度，我们对夏、商王朝礼仪制度的了解更是极其困难了。

由此我们不难理解孔子所说"周监于二代，郁郁乎文哉！吾从周"的真实含义，即孔子基于对夏、商、西周礼仪制度的了解程度不同，强调西周是夏、商两朝制度的继承者，因此表示"吾从周"的基本态度。他所说"如有用我者，吾其为东周乎"，着重表达自己希望恢复文、武、周公统治时期的礼仪制度，并实现类似西周大一统时期的社会模式。显然，孔子把文、武、周公统治时期的西周王朝视为礼仪制度十分完美的社会，我们有理由说，孔子的理想社会就是文、武、周公建立起来的西周大一统社会。

孔子曾说："兴灭国，继绝世，举逸民，天下之民归心焉。"（《尧曰》）这句话最容易引起不同理解，有些学者据此认为孔子是一个"开历史倒车"的思想家。其实只要理解孔子对建立理想社会的模式，就比较容易解决这句话的真实含义。孔子对周公十分赞赏，因为周公曾协助武王灭商，武王死，他辅佐成王，平定三监之乱。而周武王初建国，"封商纣子禄父殷之余民。武王为殷初定未集，乃使其弟管叔鲜、蔡叔度相禄父治殷。……武王追思先圣王，乃褒封神农之后于焦，黄帝之后于祝，帝尧之后于蓟，帝舜之后于陈，大禹之后于杞。于是封功臣谋士，而师尚父为首封。封尚父于营丘，曰齐。封弟周公旦于曲阜，曰鲁。封召公奭于燕。封弟叔鲜于管，弟叔度于蔡。余各以次受封"（《史记》卷四《周本纪》）。这段话可作为《尧曰》"兴灭国，继绝世，举逸民"的注脚。"武王为殷初定未集"一语颇须注意，即周武王为何要"兴灭国，继绝世，举逸民"的真正动因。据史书所载，周初商王朝贵族后裔反抗力量确实是存在的，而且后来也确实演变成"三监之乱"。因此，在孔子看来，武王、周公之所以伟大圣明，在于他们力图建立一个比较稳定有序、和谐的社会，武王分封前代灭国后裔与周宗室、功臣是这一目的，而周公平"三监之乱"也是基于同一目的。孔子之所以称颂武王、周公"兴灭国，继绝世，举逸民"，其注脚在于"天下之民归心焉"，即建立一个稳定有序、和谐的社会，这正是孔子想要表现的理想社会，因此，我们不能将这段话理解为开历史倒车的根据！

归纳起来说，笔者以为孔子在构建社会制度方面，并非是个倒退、落后的保守主义者，而是个怀着建立一个大一统、和谐安宁社会的理想主义的思想家！

3．合时适俗之礼

颜渊问仁。子曰："克己复①礼为仁。一日克己复礼，天下归仁焉。为仁由己，而由人乎哉？"

颜渊曰："请问其目。"子曰："非礼勿视，非礼勿听，非礼勿言，非礼勿动。"

颜渊曰:"回虽不敏,请事斯语矣。"

——《颜渊》

---

① 复:返回。

子张问:"十世可知也?"子曰:"殷因^①于夏礼,所损益^②可知也;周因于殷礼,所损益可知也。其或继周者,虽百世,可知也。"

——《为政》

---

① 因:因袭、沿袭。
② 损益:损,减少;益,增加。

子曰:"麻冕^①,礼也;今也纯^②,俭,吾从众。拜下^③,礼也;今拜乎上,泰^④也。虽违众,吾从下。"

——《子罕》

---

① 麻冕:麻制的帽子。冕,古代帽子的统称,后世专指帝王的冠冕。
② 纯:一种黑色的丝。
③ 拜下:在堂下行拜见礼。
④ 泰:骄纵。

林放问礼之本。子曰:"大哉问!礼,与其奢^①也,宁俭^②;丧,与其易^③也,宁戚^④。"

——《八佾》

---

① 奢:奢侈。
② 宁俭:宁可节俭。
③ 易:礼仪周备。

④ 戚：过度悲伤。

　　季子然①问："仲由、冉求可谓大臣与？"子曰："吾以子为异之问，曾由与求之问。所谓大臣者，以道事君，不可则止。今由与求也，可谓具臣②矣。"

　　曰："然则从之③者与？"子曰："弑父与君，亦不从也。"

——《先进》

① 季子然：不详何人。《论语注疏》卷十一称"季氏之子弟"。
② 具臣：备位充数之臣，不称职之臣。
③ 从之：从，顺从；之，指代上级官员。

　　子曰："上好礼，则民易使也。"

——《宪问》

孔子对理想社会的构建，"礼"是极其重要的。笔者仔细统计，在《论语》中，礼共计出现过75次，它是孔子最常用的重要概念之一，仅次于仁、君子。显然，礼确实在孔子思想中占有极为重要的地位。问题在于，《论语》中阐述的"礼"究竟是什么时候的礼呢？这是研究孔子论"礼"问题的关键所在。我们还是先引用一段孔子原话来论述：

颜渊问仁。子曰："克己复礼为仁。一日克己复礼，天下归仁焉。为仁由己，而由人乎哉？"

颜渊曰："请问其目。"子曰："非礼勿视，非礼勿听，非礼勿言，非礼勿动。"

颜渊曰："回虽不敏，请事斯语矣。"

（《颜渊》）

在相当长的一个时期内，学者们都从政治层面上来解说此语，将它作为孔子思想保守、企图恢复三代之礼、是复古倒退论者的重要根据，虽然有些学者企望破除这种观点，但是也仅仅说到孔子企图实行的是周礼而已，况且确实至今仍有将孔子视作是保守、倒退、复古、守旧的学者，因此笔者认为应该对此作些辩解，以澄清孔子思想的真实面貌。

正如前面所说，在笔者看来，孔子在构建社会制度方面并非是一个保守、倒退、复古的学者，而是一个理想主义的思想家。首先，"克己复礼为仁"是承袭古籍而来的。《左传·昭公十二年》载孔子之语："古也有《志》，'克己复礼，仁也'。"所谓"克己"，是从个人的道德修养上来立论的，是追求自我道德的完善，是一种理想人格的体现。关于"理想人格"问题，下面还将详细讨论，这里暂且就不多说了。需要解决的首要问题是，这里"复礼"的"复"是什么意思。笔者以为，"复"是"返回"的意思，也可以解释成"符合"，但决非"恢复"之意。"克己复礼为仁"是说用克己手段（即道德修养）使自己道德行为"返回"到符合礼的规范上去，这就体现了"仁"，由此，孔子才紧接着说："为仁由己，而由人乎哉？"这与《子罕》中"譬如平地，虽覆一篑；进，吾往也"的含义是完全一致的。其次，"克己复礼为仁"一语中不存在用克己手段来恢复三代之礼的问题，因为不论你克己还是不克己，作为一种礼仪制度不但已经"存在"，而且也不可能由个人道德上的修养与否而导致礼仪制度退回到三代去。孔子所说"一日克己复礼，天下归仁焉",实际是指天下之人都进行道德上的修养而返回到礼的规范上去,那么整个社会就会趋向于"仁",理想社会就会出现了。下面"天下归仁"是验证天下之人归于"仁德"的意思。千万注意,这是从道德层面来讨论问题的,而不是从政治制度层面来解说的。实际上,这也不是笔者个人的"创见",古人早有这样的解释。《史记集解》马融说"克己,约身也",孔安国解释:"复,反也。身能反礼,则为仁矣。"(《史记》卷六十七《仲尼弟子传》引《集解》)然而,这些正确的阐释似乎并未引起学者们的重视。第三,孔子在说完"克己复礼为仁"后,又进一步从视、听、言、动四方面解说了"克己"的细目,这也是从自己道德修养上立论的,即指克己必须遵循礼所规范的诸方面,要求修养者一言一行都要符合礼,以此来验证自己的"仁德",于是颜回才会说"回虽不敏,请事斯语矣"。从整段对话来说,并没有从政治层面上展开,而是紧紧围绕在个人道德修养这个层面上展开的,显然,绝不可望文生义、牵强附会地将它说成是恢复三代礼仪制度的根据,否则我们必然会将孔子理解为一个开历史"倒车"的思想家了。第四,从对话中的教育对象来判断,孔子也不会涉及政治层面。孔子教育学生因人而异,这是学者们对孔子教育方法论的一致看法。而这段对话中,受教育者是颜回。我们知道,颜回十分注重个人道德修养,对仕途却毫无兴趣,在《论语》中记载着孔子对颜回这种态度或说理想大加赞赏,曾多次表扬他。因此,孔子面对这样一个教育对象,就无须从"政治思想"层面上去启发他,事实正相反,从这段话的含义来理解,孔子确实是从个人道德的层面上来启发颜渊的。由此可见，将"克己复礼为仁"从政治层面上论述，作为孔子保守、倒退、复古或说守旧的根据是难以成立的。

其实，在孔子的论述中，我们可以找到大量并非保守、倒退、复古、守旧的例证：

> 子张问："十世可知也？"子曰："殷因于夏礼，所损益可知也；周因于殷礼，所损益可知也。其或继周者，虽百世，可知也。"
> (《为政》)

这里，孔子提出的"损益"，即对前代的礼仪制度作些修改补充，不是照搬，确实没有恢复三代之礼的含义。事实上，孔子坦率承认："夏礼，吾能言之，杞不足征也；殷礼，吾能言之，宋不足征也。文献不足故也。足，则吾能征之矣。"(《八佾》)既然他对夏礼、殷礼并不那么了解，那么，如何设想他恢复的是自己都不那么了解的夏、商、西周三代之礼呢？显然，将孔子描绘成恢复夏、商礼制的思想家是难以成立的。

在笔者看来，孔子所论述的"礼"并非是三代之礼，而是一种经过损益的、适时、合俗之礼，即适合春秋末年的时俗之礼。正因为如此，孔子说："麻冕，礼也；今也纯，俭，吾从众。拜下，礼也；今拜乎上，泰也。虽违众，吾从下。"(《子罕》)显然，孔子既根据原有礼制规范，又依照时代发展来看待礼的演变，并非固执僵化、一成不变。这充分反映出孔子对传统礼制变革的基本态度——即孔子所说的"损益"。另外，在林放问"礼之本"时，孔子回答"大哉问！礼，与其奢也，宁俭；丧，与其易也，宁戚"(《八佾》)，其含义与上述完全一致。这些引文中哪有恢复三代礼制的倒退、复古的味道?

上面引证的"周监于二代,郁郁乎文哉! 吾从周"一语,也是被人误为恢复前代礼制的根据。其实只要仔细分析一下,仍可得出相反的结论,因为孔子说"周"监于"二代",是说夏、商二代之后的西周王朝,西周王朝之礼是在前二代的基础之上完善发展起来的,因此孔子主张"从周",即否定前代已经"过时"之礼而肯定后代已经发展起来之礼。这只能解释成他有发展眼光看礼制变化,而不是越古越好的意思。在笔者看来,正是这一点上,我们仍要对孔子思想予以最大的理解,因为他强调健全礼仪制度,以建立完善的理想社会,而不是向往神农、伏羲那种茹毛饮血构木为巢的社会! 同时我们从孔子主张大一统的观点来分析的话,"从周"也体现出孔子在当时战乱不断、各国礼制不统一之时要求有个统一之礼,这也是不可否定的。其实这种思想与上述孔子不同意恢复前代礼制的观点是一致的。否则,我们就无法准确理解孔子的一些言论了。

由此可见,孔子所讨论的礼并非是三代之礼,而是一种切合时势的时俗之礼,这种礼是前代之礼经过"损益"而且比较切合当时时势、要求统一的"礼",虽然这种礼仍是有等级的,然而不能说它是保守、倒退、复古、守旧的前代之礼。

唐嘉弘先生在《论孔子的政治思想》中指出:"孔子在通晓历史上的典章制度后,并非看作一成不变,生搬硬套,总是主张斟酌损益,批判继承",因此"孔子对于夏、商、周三代的评价,持历史进化论的观点是前进的"(《先秦史新探》)。这种观点笔者认为是比较公允客观的。

4．礼的内涵

陈亢^①问于伯鱼^②曰："子亦有异闻乎？"

对曰："未也。尝独立，鲤趋而过庭。曰：'学《诗》乎？'对曰：'未也。''不学《诗》，无以言。'鲤退而学《诗》。他日，又独立，鲤趋而过庭。曰：'学礼乎？'对曰：'未也。''不学礼，无以立。'鲤退而学礼。闻斯二者。"

陈亢退而喜曰："问一得三，闻诗，闻礼，又闻君子之远其子也。"

——《季氏》

---

① 陈亢：陈子禽，《史记索引》称其为孔子弟子。
② 伯鱼：孔子之子孔鲤，字伯鱼。

子曰："管仲^①之器^②小哉！"

或曰："管仲俭乎？"曰："管氏有三归^③，官事不摄^④，焉得俭？"

"然则管仲知礼乎？"曰："邦君树塞门^⑤，管氏亦树塞门。邦君为两君之好，有反坫^⑥，管氏亦有反坫。管氏而知礼，孰不知礼？"

——《八佾》

---

① 管仲：春秋时齐国人，名夷吾，齐桓公时为相，帮助桓公称霸天下。
② 器：器量。
③ 三归：《论语译注》据郭嵩焘《养知书屋文集》解为"市租"。
④ 摄：兼。
⑤ 塞门：影壁，类今照壁。
⑥ 反坫（diàn）：坫为放置酒杯的土堆，在两楹之间。互敬酒后将杯放还于坫上，为当时诸侯喝酒所行之礼。

子语鲁大师①乐②,曰:"乐其可知也: 始作, 翕③如也; 从④之, 纯⑤如也, 皦⑥如也, 绎⑦如也, 以成。"

——《八佾》

---

① 大师: 即太师, 乐官中职别最高的官员。
② 乐: 乐理。
③ 翕: 合、聚。指乐声合聚。
④ 从: 继续演奏。
⑤ 纯: 纯一、纯粹。指乐声和谐。
⑥ 皦(jiǎo): 分明、清晰。
⑦ 绎: 连续不断。

如前所述, 礼即礼仪制度, 孔子所说的礼是经过"损益"之后的合时适俗之"礼", 那么这个合时适俗之礼的内涵究竟是什么呢?

我们知道, "礼"的出现是很早的, 最初是指一种祭祀仪式, 比如祭神、祭祖先之类。进入阶级社会后, 礼的内容逐渐丰富, 它包含着礼制、礼仪、礼器三个方面。礼制指各种典章制度, 包括社会制度、国家制度等等。当然, 这种礼制是有等级的, 它以这种等级来规范人与人之间的关系, 因此含有一定的强制性。而礼仪则是体现礼制某些特征的具体表达形式。坦率地说, 现在已经无法知道最早的礼仪的分类、具体内容以及发展情况了, 甚至也难以区分后世所分种类的正确与否。如《尚书·尧典》有"咨, 四岳! 有能典朕三礼"之说, 《虞书·舜典》有"修五礼"的记载, 《礼记·祭统》则称"礼有五经", 郑玄以为是吉、凶、军、宾、嘉五种礼仪, 《礼记·王制》称"六礼: 冠、昏、丧、祭、乡、相见", 《礼运》称"丧、祭、射、御、冠、昏、朝、聘"八礼, 《大戴礼记·本命》则以为"冠、昏、朝、聘、丧、祭、宾主、乡饮酒、军旅，此之谓九礼也"。显然，不同时期有不同数量的"礼"，同一时期也有不同记载。这仅是从大的方面来说的，而具体细目则更是繁琐不堪（邹昌林《中国礼文化》曾指出八九十种，参见其著第163页），以致《礼记·中庸》夸张地说"礼仪三百，威仪三千"。礼器则是具体礼仪形式使用的器物以及依礼献上的物品。从礼制、礼仪、礼器三者比较来说，有学者指出礼制是主要方面（杨志刚《中国礼仪制度研究》第12页），笔者大致是同意的。因为某一时期的礼仪、礼器都是基于该时期的礼制之上的，决不可违背它，否则便会受到时人的批评，甚至受到法律的制裁。严格说来，中国古代的法律仅是"礼"的一个方面的体现而已。自然，由于史料极其缺乏，孔子之前的"礼"究竟如何确实难以准确勾勒出来，这里也就难以深入讨论了。

下面来讨论孔子言论中的"礼"的内涵。如前所述，礼包含着礼制、礼仪、礼器三个方面，其实孔子言论中也确实有此三部分。《论语》中的"礼"有相当一部分是指礼制。如《季氏》所载："孔子曰：'天下有道，则礼乐征伐自天子出；天下无道，则礼乐征伐自诸侯出。自诸侯出，盖十世希不失矣；自大夫出，五世希不失矣；陪臣执国命，三世希不失矣。天下有道，政不在大夫。天下有道，则庶人不议。'"这里的"礼乐征伐"实际是指礼制。邹昌林指出"乐是礼的一部分"，甚确。而征伐本来便是一种权力，这是由制度所规定的。因此，礼乐征伐实际上便是礼制（《中国礼文化》第22页）。上面所引这条资料，是孔子总结当时形势发展的一条经验，而不是评判哪种礼乐的优劣，其重点在于说"天下"有道还是"无道"，这一"道"

孔子闻《韶》处

是仁义之道，因为没有仁义之道则不讲上下关系、不讲信用，那么就会导致"礼乐征伐"使用失序、诸侯之间争战不休、政权更替迅速的结果。《宪问》载"上好礼，则民易使也"，意思便是如果在上位的统治者遇事依礼制而行，那么百姓便易于使唤。这个礼字也是礼制的意思。《论语》中的礼字也有指礼仪的。《季氏》中有一段孔子、孔鲤的对话。孔子问："学礼乎？"答曰："未也。"孔子曰："不学礼，无以立。"于是孔鲤退而学礼。这里的"礼"便是指礼仪。子贡问："贫而无谄，富而无骄，何如？"孔子回答说："可也；未若贫而乐，富而好礼者也。"（《学而》）有人问管仲知礼与否，孔子回答说："邦君树塞门，管氏亦树塞门。邦君为两君之好，有反坫，管氏亦有反坫。管氏而知礼，孰不知礼？""居上不宽，为礼不敬，临丧不哀，吾何以观之哉？"（均出《八佾》）这几个"礼"字均可作礼仪解。至于礼作礼器、礼物，《乡党》中"享礼，有容色"，享礼即享献礼，指使臣依"礼制"献上所带的"礼物"。

应该着重指出，礼包含礼制、礼仪、礼器三个方面，既有政治因素，又有伦理因素。有学者认为，是孔子把"礼"发展为一种伦理规范（《中国儒学》第四卷第291页），笔者以为这个观点值得商榷。首先，所谓伦理规范，本来就属于礼制范畴，因为礼制是典章制度，它包含着人与人之间的等级关系与伦理关系，它所具有的强制性，便是一种伦理规范。违反礼制，也就是违反了人与人之间的等级关系或伦理关系。我们从礼最初的"祭祀"祖先这个含义上出发，就十分明显地看出礼含有的人们之间血缘伦理关系的内容，这不正反映出礼的伦理因素吗？其次，礼作为一种伦理规范，从现存资料来看，也不始于孔子。《左传·僖公二十七年》载赵衰称赞郤縠之语中便有"《诗》、《书》，义之府也；礼、乐，德之则也；德、义，利之本也"的说法。这里所说的"礼、乐，德之则"，正是从伦理道德的规范层面上说的，显然赵衰所说要早于孔子。在笔者看来，在孔子之前"礼"便含有伦理规范的意思了，只不过孔子特别强调礼的伦理规范，并将它发展成为自己理论体系中的一个极为重要的概念罢了。鉴于此，笔者以为作为维持社会秩序、社会制度的"礼"，从伦理层面上说，它是一种道德力量，即以道德形式来维护制度；从政治层面上说，它又是一种制度形式，即以强制性制度形式规范人们的思想及行为。

正由于此，作为具有伦理与政治双重因素的"礼"，不仅受到孔子的重视，也受到当时的统治阶级的重视，因为在时人看来，"礼，经国家，定社稷，序民人，利后嗣者也"（《左传·隐公十一年》），"礼，王之大经"（《左传·昭公十五年》），这都可显示出时人对"礼"的重视。

5. 和为贵：理想的社会秩序

有子^①曰："礼之用^②，和为贵。先王之道，斯为美；小大由之。有所不行，知和而和，不以礼节^③之，亦不可行也。"

——《学而》

---

① 有子：即孔子弟子有若，郑玄称其为鲁人。
② 用：作用。
③ 节：节制。

子曰："为政以德，譬如北辰^①居其所而众星共之。"

——《为政》

---

① 北辰：北斗星。

子曰："道^①之以政^②，齐^③之以刑，民免^④而无耻；道之以德^⑤，齐之以礼，有耻且格^⑥。"

——《为政》

---

① 道：通导，引导。
② 政：政令。
③ 齐：整治。
④ 免：免去刑罪。
⑤ 德：道德。
⑥ 格：归服。

子曰："无为而治^①者其舜也与？夫何为哉？恭己^②正南面而已矣。"

——《卫灵公》

① 无为而治: 指悠闲从容而治理天下。与老庄无为而治不同。
② 恭己: 端庄严肃。

　　　孔子的学生有子曾说过这么一段话:"礼之用,和为贵。先王之道,斯为美,小大由之。有所不行,知和而和,不以礼节之,亦不可行也。"(《学而》)有子的话强调礼的根本作用在于"和"。对这一"和"字,历来有不同见解,一些学者依据《礼记·中庸》"喜怒哀乐之未发谓之中,发而皆中节谓之和"来解释,从人的立身行事来立论,诚然也能说得通(杨伯峻《论语译注》第8页),但似乎说小了一些。因为此语之后便说"先王之道,斯为美,小大由之",也就是说,人(包括统治者与普通人)在社会上一切的行为、措施都与先王之道相联系,无论大事小事都以此为准则。显然这是从社会秩序(或说规范)上讨论问题的。因此,笔者以为"礼之用,和为贵",是立足于先王之道,着眼于稳定和谐的社会秩序,强调人人都须遵从"和为贵"的原则,以建立起一个理想的社会。

　　　这段话虽然不是孔子本人所说,但说受到孔子影响是完全没有问题的,因为我们可以从许多孔子的原话中找出相应的根据。例如孔子认为统治者"为政以德,譬如北辰,居其所而众星共之"(《为政》),意思是说,国君(统治者)依据德的准则来施政,那么百姓就会像众星围绕北斗那样拥戴国君了。国君居于国家统治中心,百姓拥戴国君,自然国家就会稳定和谐,也就避免了君民双方激烈的矛盾与冲突。孔子用众星拥北斗来比喻国内的君民关系,不正是提出了建立一个稳定和谐社会的理想吗?由此,我们可以看出孔子对一个国家稳定和谐的社会秩序的企盼。关于这个问题，笔者将在下面有关理想国家一章中再详加讨论。

那么，统治者如何才能使百姓归服他呢？《为政》载："子曰：'道之以政，齐之以刑，民免而无耻；道之以德，齐之以礼，有耻且格。'"意思是，用政令来引导他们，用刑罚来整治他们，人民只是暂时地免于罪过，却没有廉耻之心。用道德来引导他们，用礼教来整治他们，人民不但有廉耻之心，而且民心归服。显然，这一"民心归服"的和谐的社会秩序是以道德准则来维持的，是以"礼"来加以规范与保障的。

这里再举《论语》中一段十分有意思的记载：

颜渊、季路侍。子曰："盍各言尔志？"

子路曰："愿车马衣轻裘与朋友共，敝之而无憾。"

颜渊曰："愿无伐善，无施劳。"

子路曰："愿闻子之志。"

子曰："老者安之，朋友信之，少者怀之。"（《公冶长》）

这段话显示了孔子对施政达到"老者安之，朋友信之，少者怀之"的志向，即使老者能安逸地生活、使朋友能信任自己、使年轻人能怀念自己，反映出他对"和为贵"理想社会的构想，勾勒出稳定和谐社会的基本面貌。

由此，我们才能理解《论语》中的这么一段话："子曰：'无为而治者其舜也与？夫何为哉？恭己正南面而已矣。'"（《卫灵公》）孔子感叹地说：能实现

"恭己正南面"而"无为而治"的人大概只有舜吧。表面看来,"无为而治"四字,似乎与汉初黄老思想近似,而与孔子一贯言论不吻合。其实千万不能将孔子理解成是个超脱社会的虚无主义者,恰恰相反,他是一个有着崇高治国理想的理想主义思想家。这里的无为而治其实是指在实施了必要的礼仪制度或社会规范之后,形成了一个稳定和谐的社会秩序,那么就可以起到"恭己正南面"的"无为而治"的效果。也就是说,有了这个稳定和谐的社会秩序,就无须采取任何极端的措施了。这段话,实际上仍是显示孔子对理想社会的追求。

6.教化与刑罚:稳定社会的两手措施

子曰:"富与贵,是人之所欲也;不以其道得之,不处也。贫与贱,是人之所恶也;不以其道得之,不去也。君子去仁,恶乎①成名?君子无终食之间②违仁,造次③必于是,颠沛必于是。"

——《里仁》

---

① 恶乎:怎么。
② 终食之间:吃饭之间。
③ 造次:仓卒间。

太宰①问于子贡②曰:"夫子圣者与?何其多能也?"子贡曰:"固天纵之将圣,又多能也。"

子闻之,曰:"太宰知我乎!吾少也贱,故多能鄙事。君子多乎哉? 不多也。"

——《子罕》

---

① 太宰: 春秋时期官职名称。
② 子贡: 孔子弟子端木赐, 字子贡, 卫人。

子适卫, 冉有仆①。子曰: "庶②矣哉! "
冉有曰: "既庶矣, 又何加焉? "曰: "富之。"
曰: "既富矣, 又何加焉? "曰: "教之。"

——《子路》

---

① 仆: 驾车。
② 庶: 人口众多貌。

季康子①问: "使民敬、忠以劝②, 如之何? "子曰: "临之以庄③, 则敬; 孝慈, 则忠; 举善而教不能④, 则劝。"

——《为政》

---

① 季康子: 鲁哀公时正卿季孙肥, 握有大权。
② 劝: 劝勉。
③ 庄: 严肃。
④ 不能: 能力弱者。

孔子谓季氏①, "八佾②舞于庭, 是可忍③也, 孰④不可忍也? "

——《八佾》

---

① 季氏: 鲁国权臣季氏, 但不详何人。
② 八佾: 古代天子使用的舞乐。佾, 舞列。每行八人, 为一佾, 共八行。按季氏地位, 只能舞四佾。

③ 忍：狠心。
④ 孰：什么，什么事。

　　陈成子^①弑简公。孔子沐浴而朝，告于哀公曰：“陈恒弑其君，请讨之。”公曰：“告夫三子^②！”

　　孔子曰：“以吾从大夫之后，不敢不告也。君曰‘告夫三子’者！”

　　之三子不告，不可。孔子曰：“以吾从大夫之后，不敢不告也。”

——《宪问》

① 陈成子：齐国权臣陈恒。
② 三子：鲁国三大夫季孙氏、仲孙氏与孟孙氏。

　　如果把孔子描绘成一个毫无作为的空想主义者，那么就大错特错了。诚然，孔子确实想建立一个稳定和谐的理想的社会，但他确实也深深知道当时的社会现实并非是当年的尧、舜、禹时期，他深切地感受到了时代变化的脉搏，对礼崩乐坏的局面有着深刻的了解。由此，他既向往社会秩序稳定而又和谐的理想社会，又面对现实，常常陷于矛盾之中。《论语》中不乏孔子对当时社会不稳定、不和谐的感叹与批判，强烈要求返回到有序的社会秩序中去。

　　众所周知，春秋末期，周王室衰弱，诸侯、大夫坐大，原有的等级秩序完全被打破，财富分配也出现了前所未有的变化，“溥天之下，莫非王土；率土之滨，莫非王臣”也一去不复还了。当时一些贵族、执政

虞世南书孔子庙碑

者对权力、财富再分配充满着贪婪的向往，甚至不择手段地去巧取豪夺，从而导致国与国之间、大臣与大臣之间、国君与大臣之间的激烈冲突乃至生死交锋。对此，孔子提出"取之有道"的原则："富与贵是人之所欲也，不以其道得之，不处也；贫与贱是人之所恶也，不以其道得之，不去也。"（《里仁》）这里的"道"并非是道德，而是指一种礼制规范，意思是根据礼制规范去得到富贵或摆脱贫贱，而不是违背这种规范去得到自己想要的一切。由此我们才能理解为何孔子自称"少也贱，故多能鄙事"（《子罕》），并不讳言自己曾经贫贱过。子贡问："贫而无谄，富而无骄，何如？"孔子虽然肯定子贡的说法，但更强调"未若贫而乐，富而好礼者也"（《学而》）。甚至他称

"好勇疾贫,乱也"(《泰伯》),即将逞强斗勇、厌恶贫困视为一种祸害。而安贫乐道则是孔子称道的做法:"贤哉,回也!一箪食,一瓢饮,在陋巷,人不堪其忧,回也不改其乐。贤哉,回也!"(《雍也》)由此可看出孔子对贫贱、富贵的基本观点:安贫乐道,取之有道,宁贫而乐,富则好礼。

孔子主张在礼制规范的基础上来教化人们去恶从善。《论语》中提到孔子赴卫国,冉有询问如何教导百姓,孔子强调"富而教之"(参见《子路》),所教的内容自然是符合"礼"所规范的内容。在季康子问如何"使民敬、忠以劝"的办法时,孔子说:"临之以庄,则敬;孝慈,则忠;举善而教不能,则劝。"(《为政》)意思是十分清楚的,即要求季康子对待百姓要端庄,对父母要孝顺,举荐好人来教导一般百姓,这样就可以使百姓敬畏并忠心了。对待百姓端庄、对父母孝顺都是符合礼制规范的,因此可以说孔子仍是从礼的规范来劝谏季康子,以使社会稳定与和谐。

自然,孔子反对违背这种礼制规范的一切做法。如季氏舞八佾是违背礼制规范的举动,孔子就强烈地不满:"八佾舞于庭,是可忍也,孰不可忍也?"(《八佾》)因为这破坏了原有的礼制规范,在孔子看来,大家都效法季氏舞八佾,只会导致社会的不稳定、不和谐,因此他感到十分气愤。

孔子十分注重统治者个人的行为,曾说"宽则得众,信则民任焉,敏则有功,公则说"(《尧曰》),意思是说宽厚就会获得民众,讲信誉则使百姓相信他,勤敏于政事则会有功绩,公平百姓就高兴。孔子所说的"宽、信、敏、公"都是礼制规范所要求的方面,他是企望通过施以比较宽松和谐的措施来稳定社会与发展社会，建立一个比较理想的社会秩序。然而，孔子也认为宽厚并非是永久不变的。《左传》记载郑国大叔为政，开始施政"不忍猛而宽"，因此郑国多盗，聚于萑苻之泽，后来大叔悔悟，不得不采取镇压措施来稳定国内形势。孔子知道后说："善哉! 政宽则民慢，慢则纠之以猛；猛则民残，残则施之以宽。宽以济猛，猛以济宽，政是以和。"（《左传·昭公二十年》）过去曾有学者认为，聚于萑苻之泽者是反抗没落奴隶制贵族的奴隶，孔子赞扬大叔采用镇压手段是维护日趋衰亡的奴隶制。其实这种违反常识的说法是站不住脚。因为说大叔执行"宽政"而导致奴隶起义，这简直是毫无常识的政治笑话。虽然，我们没有任何证据说聚集在萑苻之泽的人究竟是什么人，但在"宽政"下为"盗"，确实影响到社会的稳定与和谐，也违背了礼制规范。其实，孔子并非一味赞美大叔采取的镇压措施，而是重点说一宽一猛的施政策略，意思是要建立一个稳定而和谐的社会秩序，是需要宽猛相济的措施的。显然，孔子的看法是比较实际的，而非脱离社会现实的幻想。

其实，孔子对任何违背礼制规范的举动都是反对的，并不局限于"萑苻之盗"。《论语·宪问》载陈成子杀齐简公事，孔子先后向鲁哀公、三大夫报告，希望他们出兵讨伐陈成子。但哀公、三大夫都没有理他，他自嘲地说："以吾从大夫之后，不敢不告也。"意思是自己忝为大夫，不敢不报，显示出自己对违背礼制规范举动的反对态度。前述孔子批评季氏舞八佾，也清楚地表达了自己的观点。

二、理想的国家

　　前面，我们已经区分了孔子对天下与邦、国的看法，分析了孔子理想社会的模式，我们也指出：孔子的理想社会是一个以"礼"规范的稳定和谐的社会，就像文、武、周公治理之下的大一统的西周王朝那样。

　　在孔子看来，理想的国家当然应该有理想的统治秩序，有理想的君臣关系、君民关系，理想国家应该展现出一个礼制规范、刑律得当、稳定和谐的社会。据笔者理解，孔子对理想国家统治秩序最为强调的是正名，因为名不正就言不顺，就会违反礼制的规范。在这一国家中，所有人都须遵循礼的规范，上下等级关系不可僭越，从而形成一个有序的国家。当然，执政者应该慎刑，按规定征收赋税，反对加强对百姓的盘剥，以进行比较温和的统治。在这个理想国家中有良好的君臣关系，君使臣以礼，臣事君尽礼，执政者都应该忠君敬事。孔子还讨论了君民关系，执政者应该依礼使民，居敬行简，以达到近悦远来的良好的礼治国家的状况。当然，孔子这一对理想国家的见解，产生于当时礼崩乐坏、诸侯国混乱不堪的局面之中，他提出来这一理想国家的模式，企望使这一混乱局面回归到有序的大一统国家模式，我们认为不能将它理解为倒退落后的思想。

　　下面，我们将逐一分析孔子对理想国家的一些看法，尽可能详尽地勾勒出他描绘的理想国家的蓝图，以便准确地认识孔子在国家问题上的一些理想主义的观点。

1．理想的统治秩序

子路曰："卫君^①待子而为政，子将奚先？"

子曰："必也正名^②乎！"

子路曰："有是哉，子之迂也！奚其正？"

子曰："野^③哉，由也！君子于其所不知，盖阙如也。名不正，则言不顺；言不顺，则事不成；事不成，则礼乐不兴；礼乐不兴，则刑罚不中；刑罚不中，则民无所错手足。故君子名之必可言也，言之必可行也。君子于其言，无所苟^④而已矣。"

——《子路》

① 卫君：卫出公辄。
② 正名：纠正名分。
③ 野：鲁莽。
④ 苟：马虎。

子曰："其身^①正，不令而行；其身不正，虽令不从。"

——《子路》

①身：本身，指本身行为。

子曰："不在其位，不谋其政。"

曾子^①曰："君子思^②不出其位。"

——《宪问》

① 曾子：孔子弟子曾参，字子舆，鲁国南武城人。
② 思：思虑（问题）、考虑（问题）。

齐景公问政于孔子。孔子对曰:"君君, 臣臣, 父父, 子子。"公曰:"善哉! 信如君不君, 臣不臣, 父不父, 子不子, 虽有粟, 吾得而食诸?"

——《颜渊》

子曰:"小子①何莫学夫诗? 诗, 可以兴②, 可以观③, 可以群④, 可以怨⑤。迩⑥之事父, 远之事君; 多识于鸟兽草木之名。"

——《阳货》

---

① 小子: 对自己学生的称呼。
② 兴: 想象力。
③ 观: 观察力。
④ 群: 合群, 指聚合力。
⑤ 怨: 怨刺, 即讽刺方法。
⑥ 迩: 近。

子曰:"礼云礼云, 玉帛云乎哉? 乐云乐云, 钟鼓云乎哉?"

——《阳货》

子曰:"兴于《诗》, 立于礼, 成于乐。"

——《泰伯》

子曰:"人而不仁, 如礼何? 人而不仁, 如乐何?"

——《八佾》

子曰:"禘①自既灌②而往者, 吾不欲观之矣。"

——《八佾》

① 禘：禘礼，先秦时期天子举行的一种极其重大的大祭礼。周公旦封鲁，成
　王特许其用此祭礼。后鲁国诸国君沿用此礼，实为不合法。
② 灌：禘礼中的一个内容。

　　子曰："恶紫之夺朱①也，恶郑声之乱雅乐②也，恶利口③之覆④邦家者。"

——《阳货》

① 紫之夺朱：春秋时诸侯服色为朱色，而鲁桓公、齐桓公都喜欢穿紫色衣
　服，故孔子憎恶之。
② 雅乐：用于郊庙朝会的正乐。
③ 利口：强嘴利舌。
④ 覆：颠覆。

　　子谓《韶》①，"尽美矣，又尽善也。"谓《武》，"尽美矣，未尽善也。"

——《八佾》

① 《韶》：舜时乐曲。

　　子在齐闻《韶》，三月不知肉味，曰："不图①为乐之至于斯也。"

——《述而》

① 不图：想不到。

　　颜渊问为邦。子曰："行夏之时①，乘殷之辂②，服周之冕，乐则《韶》《舞》③。放④郑声⑤，远佞人。郑声淫，佞人殆。"

——《卫灵公》

① 行夏之时：即采用夏朝时的历法。夏历以建寅(旧历正月)为每年始月。
② 辂：商代之车，比周代简略朴实。
③ 《舞》：同《武》，周武王时的音乐。
④ 放：舍弃。
⑤ 郑声：郑国乐曲。

仲弓①为季氏宰，问政。子曰："先有司，赦小过，举贤才。"

曰："焉知贤才而举之？"子曰："举尔所知；尔所不知，人其舍诸？"

————《子路》

① 仲弓：孔子弟子冉雍，字仲弓，郑玄称其为鲁人。

子曰："'善人①为邦②百年，亦可以胜残去杀③矣。'诚哉是言也！"

————《子路》

① 善人：指道德高尚的人。
② 为邦：治理邦国。
③ 胜残去杀：胜，克服；残，残暴；去，免除；杀，杀戮。

季康子问政于孔子曰："如杀无道①，以就有道，何如？"孔子对曰："子为政，焉用杀？子欲善而民善矣。君子之德②风，小人③之德草。草上之风，必偃。"

————《颜渊》

① 无道：无道之人，即坏人。
② 德：道德、品德。

③ 小人：国民、百姓。

周公①谓鲁公②曰："君子不施③其亲，不使大臣怨乎不以④。故旧无大故⑤，则不弃也。无求备于一人！"

——《微子》

① 周公：周公旦。
② 鲁公：周公旦之子伯禽。
③ 施：弛，怠慢。
④ 不以：不被信任。
⑤ 故：过错、过失。

正 名

一个国家能否成为一个礼制规范、刑律得当、稳定和谐的国家，首先涉及到这个国家是否是个名正言顺的国家，因此国家之"名"极其重要。

如前所述，孔子严格区分"天下"与"邦"、"国"，而且他在提到"天下"之时，都是指"大一统"的国家或说是整个社会，而"邦"、"国"则仅指诸侯统治下的国家。

在孔子看来，就一个国家而言，最为重要的是"正名"，国家名不正，当然就没有所谓的合法性可言。就目前所存古代史料来看，"正名"始见于《论语》，而且在该书中仅在《子路》中出现一次：

子路曰："卫君待子而为政，子将奚先？"

子曰："必也正名乎！"

子路曰："有是哉，子之迂也！奚其

正？"

> 子曰："野哉，由也！君子于其所不知，盖阙如也。名不正，则言不顺；言不顺，则事不成；事不成，则礼乐不兴；礼乐不兴，则刑罚不中；刑罚不中，则民无所措手足。故君子名之必可言也，言之必可行也。君子于其言，无所苟而已矣。"

上述所引，是常常被人引来证明孔子"正名"思想的资料。

关于"正名"一词，历来解说不同，"正名"确实可以解释为"名分"，也就是"君君臣臣父父子子"这一礼制的规范。因为名正言顺是孔子正名的核心。按孔子的所叙倒过来讲，便是百姓手足无措体现出刑罚不当，刑罚不当体现出礼乐没有正常举办，礼乐没有正常举办则体现出政事不能正常开展，政事不能正常开展则体现出言论不顺理，言论不顺理则体现出名分不正。因此，名分正则言论顺，言论顺则礼乐兴，礼乐兴则刑罚得当，刑罚得当则百姓能适应国政。

也有学者认为孔子"正名"就是要构建起等级森严的统治秩序。当然，孔子"正名"确实包含构建君臣父子"名分"乃至等级秩序的含义，但说它仅指君臣父子的名分、等级秩序的话，恐怕就不太妥当了。从孔子所说名不正则言不顺、言不顺则事不成、事不成则礼乐不兴、礼乐不兴则刑罚不当、刑罚不当就使百姓无可适从的话来看，显然，孔子所说的"正名"包含的内容更为广泛。按照笔者的理解，"正名"就是名实相符，强调"名""实"之间的合法性或合理性，而其内容相当广，大到国家名号、礼制、君臣父子，小到一般器具，都存在一个"正名"问题。《史记》中二次提及孔子的"正名"，一次在《礼书》中，一次在《孔子世家》中，《史记集解》引马融注："正百事之名。"笔者认为这一注解是比较符合孔子原意的。

正名含有"名分"的意思，在《子路》中有比较明确的表述："其身正，不令而行；其身不正，虽令不从。"所谓"身正"，当然含有名分"正"之意。因为根据名实相符、合法合理的原则，是什么样地位之人就能做什么样的事，却不可做与本身名分不符之事。因为名分不正，其行为就不合法，行为不合法当然就"不正"了；只有名分正，行为合法才是名正，天下之人就无不听其命令了。朱熹《四书章句集注》在注释"故君子之名必可言也，言之必可行也。君子于其言，无所苟而已矣"一语时，引了程子之语"名实相须。一事苟，则其余皆苟矣"，比较正确地解释了孔子的原意。《子路》中还有一段说："苟正其身矣，于从政乎何有？不能正其身，如正人何？"这里的"正"是指行为端正，行为端正确实含有"名分正"、"合法"的含义，倘若本身名分不正、行为不合法，如何能做出符合名分之事？孔子说"不在其位，不谋其政"（《泰伯》），正是含有不做与本身名实不吻合之事的含义，因为做了与本身名分不吻合的事就是不合法。孔子学生曾子说过"君子思不出其位"（《宪问》），这是基本符合孔子原意的。

就一个诸侯之国来看，孔子非常强调它是否"名正言顺"，诸侯国的国君所作所为绝对不可超越"名分"的规定，也就是说必须严格地遵循礼制规范，不做违背礼制的事情。《左传·僖公二十八年》载晋侯重耳召周襄王姬郑,并召来一些诸侯见周王,与周王一同狩猎。孔子评价道:"以臣召君,不可以训。"(《史记·晋世家》有类似记载)在孔子看来,晋重耳以诸侯身份召周王,虽然还召来其他诸侯一起朝觐周王,这种"以臣召君"的举措仍属于违背礼制的行为,因此不足为训。由此,孔子认为只能写"天王狩于河阳",将"被动"召至河阳改为"主动"狩猎河阳,以辨明君臣上下之礼。显然,孔子是十分强调君臣两者之间名分的,他如此表达,是对晋重耳以诸侯召周王一事的批判,因为重耳颠倒了与周王的君臣关系,做了不符合本身名分规范之事,因此名不正言不顺。

我们可以再以《左传·成公二年》之事来印证:新筑人仲叔在奚这个地方救了孙桓子,孙桓子因此免于灾难。事情过后,卫人赏给仲叔封邑,但仲叔坚决辞而不受,却要求允许悬挂乐器和乘着装饰华丽马车赴阙朝见。卫侯同意了。孔子听说此事后说道:"惜也,不如多与之邑。唯器与名不可以假人,君之所司也。名以出信(威信),信以守器,器以藏(体现)礼,礼以行(推行)义,义以生(产生)利,利以平(治理)民,政之大节(关键)也。若以假人,与人政也。政亡,则国家从之,弗可止也已。"意思是说,允许悬挂乐器、乘着装饰华丽马车朝见是有礼制规定的,因为象征着国家政权的神器与名号是不可随意给人的,因为随意给人就不符合"名正言顺"的原则,也就是不合法;而随意给人神器与名号,实质是给人以政权,政权都没有了,国家也就随之灭亡,这是想制止也制止不了的事啊。

由此,我们也就能够理解为什么孔子坚决反对季氏舞八佾、祭泰山之事了。因为，根据"正名"原则，诸侯没有舞八佾、祭泰山的"名分"，也就是说，季氏不具备舞八佾、祭泰山的资格与权力，而他舞了八佾、祭了泰山，其行为是名不正、言不顺的，是应该坚决反对而万万不可肯定的。也就是说，孔子从礼制规范本身来否定季氏舞八佾、祭泰山的合法性与合理性，是名不正，行不端。

孔子还从一个国家所作所为与名分的关系角度来判断天下有道还是无道。他说："天下有道，则礼乐征伐自天子出；天下无道，则礼乐征伐自诸侯出。自诸侯出，盖十世希不失矣；自大夫出，五世希不失矣；陪臣执国命，三世希不失矣。天下有道，则政不在大夫。天下有道，则庶人不议。"（《季氏》）朱熹注释说"先王之制，诸侯不得变礼乐，专征伐"，大致符合孔子的原意。因为在孔子看来，只有最高无上的天子才拥有"礼乐征伐"的决定权，因而天子所决定的"礼乐征伐"都是"名"正"言"顺的。而诸侯乃至陪臣来决定"礼乐征伐"，当然便"名"不正、"言"不顺了，这些"礼乐征伐"的行为是不能被接受的。因为礼乐征伐由诸侯决定，就会导致国家混乱、动荡乃至亡国败家的结局。正因为如此，从"名分"是否"正"出发，孔子要求诸侯国君主应该按照自己名分所规定的，不做任何违背这一基本准则的事。在《论语》中，孔子曾十分明确地提出"君君臣臣父父子子"，就是基于"正名"思想。在他看来，君有君之名分，臣有臣之名分，决不可颠倒混乱。

我们还可以从《左传·昭公二十九年》记载范宣子铸刑鼎，孔子坚决表示反对之事来证明孔子的观点。范宣子铸刑鼎，孔子认为："晋其亡乎，失其度矣。夫晋国将守唐叔之所受法度，以经纬其民。卿大夫以序守之，民是以能尊其贵，贵是以能守其业。贵贱不愆，所谓度也。文公是以作执秩之官，为被庐之法，以为盟主。今弃是度也，而为刑鼎，民在鼎矣，何以尊贵？贵何业之守？贵贱无序，何以为国？且夫宣子之刑，夷之蒐也，晋国之乱制，若之何以为法？"按照孔子之意，刑鼎是国家大法，晋国原是西周唐叔的封地，因此晋国无权改变国家大法。孔子认为，唐叔受封，规定了他的名分，他能统治百姓。而范宣子私铸刑鼎，晋国违背了自己的名分，混乱了法度，因而就要灭亡了。

《左传·定公十年》载齐景公准备设宴招待鲁定公，设置牺尊、象尊，奏钟、磬。孔子对齐国大夫梁丘据说：会盟完毕不可设宴，牺尊、象尊不出国门，不能带到夹谷来陈列，钟、磬不可以在野地里演奏，因为这些都不合礼。因此，就没有设宴。以上，我们确实能从孔子所言之中看出他的"名"正"言"顺的思想。

至于器具，当然也有个名从其实的含义。《谷梁传·桓公二年》记载："夏四月，取郜大鼎于宋，戊申纳于太庙。……孔子曰：'名从主人，物从中国，故曰郜大鼎也。'"孔子意思是，此鼎取之于宋，虽放进了太庙，但仍称之"郜大鼎"。显然，孔子对器物之名的重视，其实是对礼的重视，是他的"正名"思想的具体反映。因为在孔子看来，"名从主人，物从中国"，是丝毫混乱不得的事。

另外，所谓"正名"还包含对具体事物的了解与认识。如《论语》的《阳货》中有"多识于鸟兽草木之名"一语，意思是尽可能了解鸟兽草木之名，包含着对事物正确的理解，使事物名称的含义与其实相符，这也是正名的含义之一。

当然，孔子在叙述正名观点之时确有比较保守的缺陷，上述孔子反对范宣子铸刑鼎就是个十分明确的例证，反映出孔子思想保守的一面。他对晋侯重耳召周王表述为"天子狩于河阳"也确实有点迂腐。其实，孔子所生活的时代是个天翻地覆的社会大变革时期，权力变更甚为迅速，那种"溥天之下，莫非王土；率土之滨，莫非王臣"的时代逐渐远离现实，名也罢，言也罢，都是根据各国诸侯、各家卿大夫的实力而言的，有实力就有话语权，就能做其他人不能做的事，就能说其他人不敢说的话。而孔子看到了这一社会现象，但不了解这一社会变革的实质与原因，对当时"天下大乱"提不出合理的解释与正确的解决方式。他既为原来的大一统社会结构的变化感到困惑与焦虑，也为周天子丧失天下共主的地位而感到痛心与悲愤，因而，他对激烈的社会矛盾，想从"正名"角度来加以解决。显然，这是他一厢情愿之事，他的想法也确实太天真了！然而尽管如此，孔子"正名"思想仍然有一定意义，因为他毕竟是希望国家不要产生混乱与动荡，希望社会稳定与和谐，百姓生活安宁与富足。只不过孔子想法过于理想化，难于切合当时的社会历史条件，因此完全没有实现的可能。

遵　礼

前面已经叙述了孔子对理想社会的建构是基于他的"正名"思想，他强调"名""实"相符，反对违背礼制规范的一切行为。在他看来,国家制度是一个国家稳定与否的重要前提,没有它,国家就会混乱,社会就会动荡不安,人民就会遭受灾难。因此,孔子十分重视国家的礼制建构。他说:"礼云礼云,玉帛云乎哉? 乐云乐云,钟鼓云乎哉? "(《阳货》)意思是: 礼难道仅指玉石丝帛吗? 乐难道仅指那些钟鼓器具吗? 实际上,孔子的意思是十分明确的,作为礼制的重要方面之一的礼乐,不能仅仅指那些玉石丝帛、钟鼓器具,更重要的是指基本的制度或规范。孔子强调必须遵循礼乐制度,恢复已经丧失的礼乐制度。他曾说过"兴于诗,立于礼,成于乐"(《泰伯》),希望人们严格遵循礼乐,如此才能成为一个真正的君子。

其实,《八佾》中有更为明确的表述:"人而不仁,如礼何? 人而不仁,如乐何? "意思是: 既然为人不仁,怎样来看待礼乐呢? 因为在孔子看来,礼乐是制度的具体体现,如果一个人具有仁德,就应该遵循礼乐制度的规范,也就是遵循国家的制度的约束,因为只有人人都遵循国家制度,才能使国家保持良好的秩序,社会才会安定和融洽,才能出现一个理想的政治状况。

《八佾》中还记载一段很有意思的资料。有人向孔子请教"禘"这种大祭礼,"子曰:'不知也;知其说者之于天下也,其如示诸斯乎!'指其掌"。我们知道,孔子对前代的礼制有极为深入的研究,而且当时鲁国的闵公、僖公、襄公、昭公都确实实施过"禘"这种祭祀之礼,甚至这一名声传到其他诸国之国。如"宋公享晋侯于楚丘,请以《桑林》。荀萤辞。荀偃、士匄曰:'诸侯宋、鲁,于是观礼。鲁有禘乐,宾祭用之。宋以《桑林》享君，不亦可乎？'"（《左传·襄公十年》）换句话说，孔子不可能完全不了解"禘"这种祭礼，至少是有一定了解的。他明确说过，"禘自既灌而往者，吾不欲观之矣"（《八佾》），也就是说他还曾经亲眼看过"禘"礼，只不过不愿意多看而已。他之所以不说这种"禘"礼，是因为"禘"这种大祭礼是"天子"才能享用的，诸侯享用不合礼制规定，属于违礼行为，因而孔子不肯直说，而是委婉地表示能知道这种祭祀之礼者，能将天下运诸掌，意思是只有天下共主才会知道！我们知道，鲁是周公旦的封地，由于周公旦功勋卓著，周成王曾破例同意周公旦使用"禘"祭，然而，周公旦的后裔是没有权力举行"禘"祭之礼的。孔子不欲解说"禘"礼，正是曲折地反映出他对鲁国诸侯们滥用"禘"礼的不合法的违礼行为进行批判。

　　孔子在讨论"礼乐制度"时，与"正名"思想紧密地结合起来。他曾说过，就一个国家来看，"礼失则昏，名失则愆"（《左传·哀公十六年》），因此既要遵"礼"，又须正"名"。也正由于此，孔子对破坏礼乐制度的行为表示极大的不满，他说："恶紫之夺朱也，恶郑声之乱雅乐也，恶利口之覆邦家者。"（《阳货》）所谓"恶紫之夺朱"，是指齐、鲁两个桓公都喜欢穿紫色的衣服而不穿礼制所规定的红色衣服，因此孔子表示反对，而对"郑声"则批评为"淫"（淫秽），是危害民众性情的音乐。在孔子看来，最佳音乐是《韶》，他评价《韶》"尽美矣，又尽善也"，而《武》"尽美矣，未尽善也"（《八佾》），《韶》这种尽善尽美的典雅音乐，可以使孔子三月不知肉味（参见《述而》），因为

《韶》是符合礼制的音乐。因此，奏淫秽的郑声则破坏了典雅的《韶》、《武》，是难以令孔子接受的事。难怪颜渊在问治理邦国之道时，孔子毫不犹豫地回答说："行夏之时，乘殷之辂，服周之冕，乐则《韶》《舞》。放郑声，远佞人。"显然可见，这里清楚地表达了孔子对维护礼制"名分"的坚决态度，同时也显示出他对一切破坏礼制者的强烈不满。

《八佾》中还记载孔子对"子贡欲去告朔之饩羊"之事，孔子明确对子贡说："尔爱其羊，我爱其礼。"所谓告朔之饩羊，是指每月初一献给祖庙中的羊。按照周王朝礼制，周天子每年秋冬之交时会将第二年的历书颁发给各诸侯，各国诸侯每月初一（朔）就须"告朔饩"，以活羊为祭品献入祖庙，然后返回朝廷听政。而当时鲁国国君不亲临祖庙，仅是献上一头活羊应付而已，也不听政，因此子贡主张不必保留这一虚应故事的形式，干脆把饩羊也撤了。孔子则反对把饩羊撤掉，认为鲁君虽然虚应故事，但毕竟这是礼制所规定之事，不可完全抛弃。显然，孔子强调的重点在于是否合"礼"，是对鲁国国君违反礼制而不"告朔"、不听政行为的批评。当然，这涉及礼制的内容与形式关系问题，子贡的侧重点在于内容与形式相一致，孔子的侧重点在于透过形式看内容的重要性。

这并非是笔者的猜测之词，孔子曾明确说道："能以礼让为国乎？何有？不能以礼让为国，如礼何？"（《里仁》）如果直译的话，就是：能用礼让来治理国家吗？这有什么困难呢？如果不能用礼让治理国家，又怎样来对待礼仪呢？这里的"让"，按照朱熹《四书章句集注》的解释是，"让，礼之实也"，严格地说,"让"是指依据礼制的现实行为。孔子的意思是,抛弃礼制的内容而徒守其形式是没有用的,也就是要求在遵循礼制的前提下注意其形式。

其实,孔子注重"礼"的内容重要性,并不是完全反对外在形式,就像上述他主张保留"告朔之饩羊"这一形式一样,只是侧重不同罢了。或许有人会认为孔子也重视"礼"的形式,在《论语》中就有资料可以证明。如《阳货》中有这么一段记载:

宰我问:"三年之丧,期已久矣。君子三年不为礼,礼必坏;三年不为乐,乐必崩。旧谷既没,新谷既升,钻燧改火,期可已矣。"

子曰:"食夫稻,衣夫锦,于女安乎?"

曰:"安。"

"女安,则为之!夫君子之居丧,食旨不甘,闻乐不乐,居处不安,故不为也。今女安,则为之!"

宰我出。子曰:"予之不仁也!子生三年,然后免于父母之怀。夫三年之丧,天下之通丧也。予也有三年之爱于其父母乎!"

这里,孔子弟子宰我认为为父母守三年丧时间太长了,因为君子三年不习礼乐,就会生疏,他以为只须一年就可以了。孔子听后批评宰我不是一个具有仁德的人,因为他企图改变为父母守丧三年的旧制。在孔子看来,子女生下后三年才能脱离父母怀抱,因此为父母守丧三年也是天经地义之事,"古之人皆然"。即使在一个国家的最高统治阶层,新国君也须为去世国君守丧而居于"丧屋"(凶庐)三年,"百官总己以听于冢宰三年"(《宪问》)。孔子强调"守丧三年"不是重形式的例证吗? 其实, 孔子虽然坚持"守丧三年"这一形式, 但关键在于孔子所说的"君子居丧, 食旨不甘, 闻乐不乐, 居处不安"这一重要内容, 即对父母之恩的缅怀与追思, 如果没有这一缅怀内容, 那么守丧时间长短就没有什么意义了。于是孔子才对守丧时吃着白米、穿着丝帛而心安理得的宰我十分厌恶, 这不正是重视内容的例证吗?

《子罕》中载: "子曰:'麻冕, 礼也; 今也纯, 俭, 吾从众。拜下, 礼也; 今拜乎上, 泰也。虽违众, 吾从下。'"在孔子看来, 用"麻"或用"纯"来制作帽子, 只是外在形式, 而其内容则是"礼"的规范, 因此他在肯定"礼"的前提下"从众", 仍然反映出他重内容超过形式的思想。同样, "拜下"与"拜上"虽是形式上的差异, 但反映出来的则是君臣关系这一重大内容, 因此, 孔子强调要"拜下"。

显然, 这一系列的证据都清楚地表明了孔子在对待"礼"的问题上的一贯观点: 强调内容的重要性, 也不忽视形式。

如《八佾》中"林放问礼之本。子曰:'大哉问! 礼, 与其奢也, 宁俭; 丧, 与其易也, 宁戚。'"这不正是重视"礼之本"吗? 也就是说, 孔子强调的是严格遵循礼的内容或实质。

其实, 《论语》中还有大量孔子重视"礼"内容的例子, 《乡党》一篇中资料极多。从中我们可以看到, 孔子无论在乡里或在朝廷, 无论是晋见君主、大臣或会见地方人士、亲戚, 无论是待人接物、日常起居, 都严格遵循礼制的规范, 从不马虎草率。显然, 他是十分重视"礼"内容的人。

孔子强调"礼"对治国安民的作用。《史记·滑稽列传》中有一段记载:"孔子曰:'六艺于治一也。《礼》以节人,《乐》以发和,《书》以道事,《诗》以达意,《易》以神化,《春秋》以义。'"所谓"六艺于治一也",是指六艺对治理国家的作用是一致的;只不过《礼》的作用在于节制人们的思想行为,《乐》在于使人们和谐相处,《书》是记载往事,《诗》表达情感意志,《易》则描述自然神化,《春秋》却昭示人间之义。基于这一认识,我们就可以清楚地了解孔子为何以六艺施教了,这就是他企望构建起一个以"礼"为基础的理想社会、理想国家,他身体力行,为此奔波了一辈子。也正由于此,使我们能更清晰地了解"颜渊问为邦"时,孔子回答说"行夏之时,乘殷之辂,服周之冕,乐则《韶》《舞》。放郑声,远佞人。郑声淫,佞人殆"(《卫灵公》)的含义了。

慎 刑

如果说孔子"正名"是为了固定国家"名分",强调在"遵礼"的前提下来规范人的行为方式,那么"慎刑"就是他对统治者治理国家、达到社会稳定和谐方面的要求了。

孔子是儒家学派的创始人,他主张仁政。主张仁政并非是要放弃必要的刑罚制度,相反,他主张通过制订国家法律,以此管束、教育百姓,使他们能自觉遵循国家法律,从而建起一个稳定和谐的国家。

"刑"在《论语》中出现五次(其中"刑罚"连用一次),都含有"刑罚""法制""法度"的意思。"法度"出现一次。

孔子认为建立一个安定和谐的国家是需要采用

刑法的。《太平御览》卷六百三十三引《慎子》曰："孔子云:'有虞氏不赏不罚,夏后氏赏而不罚,殷人罚而不赏,周人赏且罚。罚,禁也;赏,使也。'"当然,我们并不能判断《慎子》引证的孔子之语是否确实出于孔子之口,但从《论语》、《左传》有关资料中,至少可以看出孔子认为西周确实存在有赏有罚的做法。如前所说,西周初年封功臣不正是"赏"吗? 平三监不正是"罚"吗? 其实,赏也好,罚也好,都是建立安定和谐的国家所必需的手段。《左传·昭公十四年》载孔子称赞晋国大夫叔向正直,因为他"治国制刑,不隐于亲",意思是治理国家,制订刑法,不包庇亲属。孔子举出叔向正直的例子,如数次指出其弟叔鱼的罪恶,处理了邢侯贪婪之罪。正由于叔向严格执行了刑法,才使他"杀亲益荣",即虽然杀死了亲属,但增加了他的名声。其实,《史记·孔子世家》中也记载孔子为司寇后,不久就诛少正卯,显然他并不反对或放弃采用刑法。

孔子主张采取宽猛相济的刑法来保证国家的稳定与安定的,但反对一味采用严刑峻法。《左传·昭公二十年》记载郑国子产去世前夕,曾嘱咐继为执政的大叔说施政应该宽猛相济,而大叔执政后不忍施以猛而施以宽,结果导致萑苻聚盗,于是大叔只得采取派遣军队镇压的办法来解决问题。孔子对此有一评论:"善哉! 政宽则民慢,慢则纠之以猛。猛则民残,残则施之以宽。宽以济猛,猛以济宽,政是以和。"

"和"是平和、稳定之意,孔子所说,显然是赞同用"宽猛相济"的施政办法来维持国家稳定,"宽"并非放弃刑罚,"猛"也不是严刑峻法,残暴无度。换句话说,孔子主张国家应该有必要而且适度的刑法措施来维护国家安宁。

当然,作为儒家的创立者,孔子对道德教化比刑法惩治更为看重,他说过:"道之以政,齐之以刑,民免而无耻;道之以德,齐之以礼,有耻且格。"(《为政》)意思是,用政治来引导、用刑法来整治百姓,那么百姓虽能免于犯法却没有廉耻;用道德来引导,用礼仪来教化百姓,那么百姓有廉耻并且归服于国家。这里,孔子确实把道德礼仪教化看得比政治刑法还要重要,但不可说孔子主张放弃政治刑法。其实,孔子只不过是比较两者后,认为道德礼仪的教化更为重要一些罢了。《子路》:"仲弓为季氏宰,问政。子曰:'先有司,赦小过,举贤才。'"这里的"赦小过"即是要求放宽对百姓的惩处。因此孔子说:"'善人为邦百年,亦可以胜残去杀矣。'诚哉是言也!"(《子路》)"为邦"即治理国家,"胜残去杀"即去除残暴虐杀。

其实,孔子在强调宽猛相济的刑法时,更注重强调"慎刑",即对刑法采取比较慎重的态度。"慎刑"既强调执政者不要过快过急地对触犯法律者处以刑律,也主张从执政者本身来寻找触犯法律者的原因,这就需要在量刑上宁宽勿严。《荀子·宥坐》记载孔子为司寇,不处理父子之讼,掌握大权的季孙氏很不高兴,孔子却说:"上失之,下杀之,其可乎? 不教其民而听其狱,杀不辜也。"意思是执政者犯过失而杀在下者,是不能被允许的;不教育百姓而只用刑罚来处置,就等于残杀无辜之人。他还强调说:三军打了大败仗,不能处斩士兵;监狱治理不善,不可处理狱卒，因为这都不是他们的罪；法令废弛而诛杀严酷，这是残害百姓；五谷生长有时而征敛无时，这是残暴行为；不教化百姓而要求成功，是虐待百姓。只有停止这三者，然后才可施刑。他引用《尚书》"义刑义杀，勿庸以即，予维曰未有顺事"，即强调《尚书》认为恰当的刑杀也不要立即执行，只能从执政者自身来追究原因，不要把责任全推给他人。如果这段记载无误，那就十分明确地反映了孔子的"慎刑"思想。其实，我们也能从其他古籍中找出相关资料来印证孔子的"慎刑"思想。《汉书·刑法志》记载："孔子曰：'古之知法者能省刑，本也；今之知法者不失有罪，末矣。'又曰：'今之听狱者求所以杀之，古之听狱者求所以生之。'"此条又见于《尚书大传》卷四，虽语言有不同，然大意略同。"知法者"即执法者，"省刑"是减少刑法、不轻易施刑的意思，"求所以杀之"是指寻求所以杀人的理由，"求所以生之"指寻求所以让人活下去的理由。显然，孔子要求从"知法者"本身寻找原因，量刑宁宽勿严，这不是典型的"慎刑"思想吗？《说苑·杂言》中也记载了孔子的一段话："鞭朴之子不从父之教，刑戮之民不从君之政，言疾之难行。故君子不急断，不意使，以为乱源。"意思是：经常挨鞭打的孩子不听从父亲的教诲，受到刑罚处置的百姓不听从君主的政令，这是因为粗暴难以行得通。因此，君子不作匆忙决断，不意气用事，认为这是混乱的根源。显然，《说苑》所载与上面意思基本相同。诚然此语不一定出于孔子之口，但与孔子思想是一致的。

当然，以上这些引文都是后出资料，或有以后证前之弊，那么我们再引证《论语》中数段资料来印证孔子的"慎刑"思想。《颜渊》"季康子问政于孔子"一段说,季康子主张以"杀人"的办法来使政治趋向于良好,但孔子不同意,说道:"子为政,焉用杀? 子欲善而民善矣。君子之德风,小人之德草。草上之风,必偃。"显然,孔子并不同意以严酷的刑法来处罚民众,而是主张慎刑教化。《尧曰》中也有"谨权量,审法度,修废官,四方之政行焉"的话。这里的"权量"是指度量衡。"审法度"一句,杨伯峻《论语译注》以为"法度"不是法律制度的意思,而是度量衡中的长度分寸尺丈之类。笔者倾向于朱熹的解释。朱熹认为"礼乐制度"都属于"法度"。"修"字是整治的含义,《书·禹贡》中有"四海会同,六府孔修"之说,六府即古代司土、司木、司水、司草、司器、司货六种税官的总称。"四方之政"即国家政令。因此,《尧曰》这段话的意思是:谨慎地审定度量衡,审定有关制度,整治已废弃的官职,国家政令就可推行。显然,孔子强调重新对各种法度的审定,其态度是慎重的,这也可以作为"慎刑"的有力旁证。

笔者以为,孔子"慎刑"思想是基于当时"礼崩乐坏"的历史条件之上的,他提出对礼乐法度重新审视也有利于建立一种新的统治秩序,使百姓能摆脱刑重法乱的灾难。尽管他向往上古三代,以西周文、武、周公统治时期来构建自己理想社会,但提出"慎刑"确实对稳定社会、稳定国家统治秩序、发展生产力有一定的积极作用,因此我们没有必要全盘否定它,相反,我们还须给予理解与肯定。因为在春秋时期法度败坏的历史条件下,建立必要的礼乐法度毕竟是为了建立一种和谐稳定社会的重要手段之一,况且孔子提出的还是"慎刑"思想!

2．君臣关系

定公^①问："君使臣，臣事君，如之何？"孔子对曰："君使臣以礼，臣事君以忠。"

——《八佾》

---

① 定公：鲁定公宋，昭公之弟。

子曰："事君尽礼，人以为谄^①也。"

——《八佾》

---

① 谄：谄媚。

卫灵公问陈^①于孔子。孔子对曰："俎豆之事^②，则尝闻之矣；军旅之事，未之学也。"明日遂行。

——《卫灵公》

---

① 陈：同阵，战阵，意指兵法。
② 俎豆之事：俎豆均为容器，祭祀时用它盛物。此指代礼仪制度。

子曰："臧文仲居蔡^①，山节藻棁^②，何如其知^③也？"

——《公冶长》

---

① 居蔡：指造房给大龟居住。居，使……居；蔡：大龟。

② 山节藻棁:节,斗栱;藻,藻草;棁,梁上短柱。斗栱上画着山,短柱上画
　　着藻草,即雕梁画栋之意。

③ 知:聪明。

　　　　哀公问曰:"何为则民服?"孔子对曰:"举直①错②诸
柱③,则民服;举枉错诸直,则民不服。"

——《为政》

① 直:正直者。
② 错:同措,放置。
③ 枉:邪恶者。

　　　　子游①为武城宰。子曰:"女②得人焉耳乎?"曰:"有澹台
灭明③者,行不由径④,非公事,未尝至于偃之室也。"

——《雍也》

① 子游:孔子弟子言偃,子游为其字,吴人。
② 女:同汝,你。
③ 澹台灭明:《史记·仲尼弟子列传》称其为孔子弟子,字子羽,武城人。
④ 径:小路、小道。

　　　　子路从而后,遇丈人①,以杖荷蓧②。

　　　　子路问曰:"子见夫子乎?"

　　　　丈人曰:"四体不勤,五谷不分。孰为夫子?"植其杖而
芸③。

　　　　子路拱而立。

　　　　止子路宿,杀鸡为黍④而食之,见其二子焉。

　　　　明日,子路行以告。

　　　　子曰:"隐者也。"使子路反见之。至,则行矣。

子路曰："不仕无义⑤。长幼之节，不可废也；君臣之义，如之何其废之？欲洁其身，而乱大伦。君子之仕也，行其义也。道之不行，已知之矣。"

——《微子》

---

① 丈人：老人。
② 蓧（tiǎo）：除草工具。
③ 芸：同耘。
④ 黍：小米。
⑤ 无义：没有义。义是道德标准。

子曰："士志于道，而耻①恶衣恶食者，未足与议也。"

——《里仁》

---

① 耻：以……耻。

大师挚①适②齐，亚饭干③适楚，三饭缭适蔡，四饭缺适秦，鼓④方叔入于河，播鼗⑤武入于汉，少师阳、击磬⑥襄入于海。

——《微子》

---

① 大师挚：挚为太师，其事不详。后有"少师"，亦为乐官名。
② 适：逃。
③ 亚饭干：乐师官名。古有亚饭、三饭、四饭之名。干，人名。该段数位乐师事迹不详。
④ 鼓：鼓师。
⑤ 播鼗：古代乐器，一种小鼓。
⑥ 磬：古代乐器，以玉、石或金属制作。

周有八士：伯达、伯适、仲突、仲忽、叔夜、叔夏、季随、季骡①。

——《微子》

---

① 骡（guā）：此八位高士已无事迹可考。

宪问耻。子曰："邦有道，穀①；邦无道，穀，耻也。"

"克②、伐③、怨④、欲⑤不行焉，可以为仁矣？"子曰："可以为难⑥矣，仁则吾不知⑦也。"

——《宪问》

---

① 穀：俸禄，即当官。
② 克：好胜。
③ 伐：自夸、骄傲自大。
④ 怨：怨恨、嫉妒。
⑤ 欲：贪欲。
⑥ 为难：难能可贵。
⑦ 不知：不知道，即不能同意。

子曰："直哉史鱼①！邦有道，如矢②；邦无道，如矢。君子哉蘧伯玉！邦有道，则仕；邦无道，则可卷而怀之③。"

——《卫灵公》

---

① 史鱼：卫国大夫史鳛，字子鱼，曾尸谏卫灵公起用蘧伯玉。
② 如矢：像箭一样直。形容史鱼为官正直。
③ 卷而怀之：将本领收藏起来，即隐居不仕。

子路问政。子曰："先①之劳②之。"请益。曰："无倦。"

——《子路》

① 先: 先于。即带头。
② 劳: 勤勉、勤恳、勤劳。

子曰:"饱食终日, 无所用心, 难矣哉! 不有博①弈者乎? 为之, 犹贤②乎已③。"

——《阳货》

① 博: 古代一种游戏的棋具。
② 贤: 比……好。
③ 已: 停止不做。

子曰:"不患无位①, 患所以立②。不患莫己知, 求为可知③也。"

——《里仁》

① 位: 职位、官位。
② 立: 通位。
③ 知: 让别人知道(自己任官本领或才能)。

子曰:"如有周公之才之美, 使骄且吝, 其余不足观也已。"

——《泰伯》

孔子曰:"益①者三乐, 损者三乐。乐节②礼乐, 乐道③人之善, 乐多贤友, 益矣。乐骄乐, 乐佚游, 乐晏乐, 损矣。"

——《季氏》

① 益: 有益。
② 节: 节奏、节拍。
③ 道: 宣扬。

子曰:"事君,敬其事而后其食①。"

——《卫灵公》

---

① 食:拿俸禄、取得俸禄。

子张问政。子曰:"居之无倦,行之以忠。"

——《颜渊》

如果肯定孔子有理想国家的模式,那么接着就要考虑这一模式中的统治者究竟应该怎样。按照现存资料来看,大致可以看出孔子主张由圣君贤臣来进行统治。

在孔子看来,一个国家治理好坏与否,与国君、大臣的关系极大。孔子赞美尧、舜、禹,就是因为他们是圣君,他们的所作所为一切从民众出发,克己奉公,具有仁德,就像禹那样简食素衣而奉礼神灵,不事宫室而尽力于沟洫,为民众创造发展生产的条件。

孟子曾记载了孔子一段话:"仁不可为众也。夫国君好仁,天下无敌。"(《孟子·离娄上》)显然,国君好仁是衡量他的重要的道德标准。他们必须慎重地施政,"谨权量,审法度,修废官,四方之政行焉。兴灭国,继绝世,举逸民",只有这样,才会使"天下之民归心焉"(《尧曰》)。在《论语》中,孔子还引周公"君子不施其亲,不使大臣怨乎不以"(《微子》)一语,以为真正的君子是不怠慢亲属、不会让大臣抱怨没有被信任重用的。这是周公对自己儿子伯禽说的,也可以看作孔子对西周最高统治的看法。孔子之所以要引述周公之语,是因为周公是孔子心目中的与尧、舜、禹、汤、文、武一样的"圣贤"，我们可以看作是他对施政的看法。

当然，圣君不可能仅凭一己之力就治理好一个国家，只有广泛地提拔人才，出现一批贤臣，群策群力才能使国家大治，使理想社会得以实现。在《论语》中就有这样的记载：

> 舜有臣五人而天下治。武王曰："予有乱臣十人。"孔子曰："才难，不其然乎？唐虞之际，于斯为盛。有妇人焉，九人而已。"（《泰伯》）

舜有贤臣五人，因此天下大治，武王也有十位善于治理天下的能臣。对此，孔子对尧、舜时期人才兴盛的状况十分感叹：获得人才是多么难呵。尤其武王时期还提拔了一位女性人才呵，而男性贤臣只有九人而已。"天下治"表达了孔子对理想社会、理想国家的向往，那是一个有着圣君贤臣进行有效管理、有着严格等级秩序、社会稳定、人民生活安定的社会。而要达到这一理想国家的状态，就必须有贤臣辅助圣君，仅凭一个圣君是难以治理好一个国家的！孔子学生仲弓担任季氏宰，向孔子问政，孔子也强调"举贤才"（《子路》）。

当然，我们也不必回避孔子强调的君臣之间的等级关系。《论语》中记载齐景公问政于孔子，孔子就明确回答说："君君，臣臣，父父，子子。"（《颜渊》）其实，春秋时期"礼崩乐坏"，孔子在这一历史现实前，强调"君臣父子"关系，事出有因，情有可原，因为这毕竟是出于企望稳定国家秩序、防止社会动乱的一种措施，在当时是具有一定现实意义的，不可一棍子打死。虽然，孔子比较强调"君臣"之间的上下等级关系，但毕竟没有后世专制主义社会中"君要臣死，臣不得不死"的含义，因此不能将后世的一些言论套在孔子头上。况且，社会的等级在阶级社会中是一种客观存在，它既存在于不同阶级之间，也存在于同一阶级之内，这是任何生活在阶级社会中的人回避不了的。问题的关键并不在于要求政治家、思想家去否认这种等级，而是要求他们在这种等级之间建立起怎么样的关系，如何调节好不同等级之间的关系，从而促使社会稳定与生产力的发展。如果我们教条主义地片面强调凡是提出等级便是错误的结论，那么将永远不会理解阶级社会中等级关系！事实上，西汉文、景时期存在着等级，唐太宗贞观时期存在着等级，然而由于文、景、太宗对这些等级处理得当，于是才会出现所谓的"文景之治"、"贞观之治"。因此，笔者以为孔子提出君臣等级并没有错，问题是要分析孔子论述的君臣等级之间的关系究竟如何。

那么，怎样才算是圣君贤臣呢？究竟圣君贤臣之间的关系又是如何呢？我们先看看孔子对圣君贤臣的认定。

荀子曾引孔子评价君主的话："大节是也，小节是也，上君也；大节是也，小节一出焉，一入焉，中君也；大节非也，小节虽是也，吾无观其余矣。"（《荀子·王制》）这里，孔子将国君分为三等，上等的国君大事小事都做得对，中等国君大事做对，小事或有出入，而大事上不能做对者就是下等国君了。那么，荀子这一说法有无道理呢？

前面笔者已经引证过"君臣之义如之何其废之"

（《微子》）一语，指出"义"是指君臣之间的一种双向的伦理关系，或说是君与臣各自所具有的如何对待对方的内在标准，从而使君臣关系得到调整。君臣关系有"义"的标准，它须通过"礼"来体现。《八佾》中有两段很重要的有关君臣关系的话。一是定公问孔子："君使臣，臣事君，如之何？"孔子回答说："君使臣以礼，臣事君以忠。"另一段是孔子说"事君尽礼"。因此，笔者以为孔子对君臣关系定下的原则是"君使臣以礼"，臣"事君尽礼"，也就是在"礼"的规范之下阐述君臣关系，以便建立他所认为比较理想的君臣关系。当然，在孔子所生活的特定时期，这里的"君"实际还可以指掌握大权的各国诸侯或卿大夫们，因为那时确实有不少诸侯失去大权，形同摆设，而掌权的大夫们则如同国君。因此，下面的论述中，"君"既包括诸侯国的国君，也包括诸侯国中的执政权臣。这里先讨论"君使臣以礼"的问题。

使臣以礼

在笔者看来，孔子"使臣以礼"的思想包括执礼、遵礼、礼遇三个主要方面。

所谓执礼，就是强调君臣之间关系是等级关系，上下有别。孔子对当时君不君、臣不臣的君关系是极其厌恶的。在《颜渊》中孔子与齐景公有一段对话："齐景公问政于孔子。孔子对曰：'君君，臣臣，父父，子子。'公曰：'善哉！信如君不君，臣不臣，父不父，子不子，虽有粟，吾得而食诸？'"这里齐景公所说"君不君，臣不臣，父不父，子不子"，实际上是孔子回答景公治理国家问题的前提，即首先要求景公严格遵循君臣父子之间"礼"的规定。当然,如果真正做到了"君臣父子"之礼,那么就达到了孔子对理想国家的君臣关系的设想。

所谓遵礼,就是国君或执政者的行为要遵循礼制,不可背道而驰。在孔子看来,一个国家的统治者应该对"礼"予以关注,不可须臾忘记。如卫灵公向孔子问阵法,孔子回答道:"俎豆之事,则尝闻之矣;军旅之事,未之学也。"(《卫灵公》)意思是有关礼制的问题自己是听说过的,而军旅之事从未学过,第二天便离开卫国走了。从这条记载来看,孔子认为卫灵公问阵法而不问礼制,是穷兵黩武而非向善修养,因此认为卫灵公不可救药才离开了他。这充分体现出孔子判断一个国家统治者的优劣是基于"礼"之上的。

当然,统治者学"礼"遵"礼"应该落实在具体行动上,而非停留在口头上。据《左传·昭公七年》记载,鲁国执政的大夫孟僖子"病不能相礼,乃讲学之,苟能礼者从之",意思是孟僖子不满意自己不精通礼,于是就去学习,如碰上有懂得礼学者就向他学习。孟僖子听说孔子懂礼,于是就派遣自己的儿子孟懿子、南宫敬叔去向孔子学礼,孔子称他是个善于弥补过错的人。这件事在《论语》中也有反映。《为政》中有孟懿子向孔子问孝的记载,孔子强调"孝"指不违背"礼",具体说来就是:"生,事之以礼;死,葬之以礼,祭之以礼。"我们知道,在孔子生活的时代,鲁国三大夫势力甚大,违"礼"而行,如他们祭祀祖先时唱着《雍》来撤除祭品,用天子之礼来祭祀仅为大夫一级的祖先,孔子批评道:"'相维辟公,天子穆穆',奚取于三家之堂?"(《八佾》)意思是《雍》

上有"助祭是诸侯,主祭是严肃静穆的天子",这两句话怎么可以用在三家大夫祭祀的厅堂里?显然,孔子对三大夫违背当时礼仪制度是十分痛恨的。因此,孔子对孟懿子的话,表面上说要他对父母之孝应该遵"礼"而行,实际是规劝他对待国君也应该依礼而行,曲折地反映出孔子对鲁国三大夫不遵礼的批判,上引《左传》中孔子说孟僖子能够弥补过错也就容易理解了。

孔子强调一个国家的统治者必须遵礼而行,处理好君臣关系。《颜渊》中载季康子向孔子问政事,孔子回答说:"政者,正也。子帅以正,孰敢不正?"孔子以为统治者本人行事端正,其他人也会跟着端正,那么政事就"正"了。当然,统治者本人行事端正合宜,就应该遵礼而行,不可违背礼制。孔子曾多次批评权臣臧文仲,他说:"臧文仲居蔡,山节藻棁,何如其知也?"(《公冶长》)"臧文仲其窃位者与!知柳下惠之贤而不与立也。"(《卫灵公》)《论语》中虽然没有更详细的解说,但我们从《左传》有关记载可看出孔子对臧文仲评价的史实。《左传·文公二年》载:"仲尼曰:'臧文仲其不仁者三。下展禽,废六关,妾织蒲,三不仁也。作虚器,纵逆祀,祀爰居,三不知也。'"孔子认为,权臣臧文仲让贤者展禽处于低下之位而不予重用,设置六个关隘收税,让自己的妾织蒲席来贩卖取利,这些都是"不仁"的举动;畜养大龟,不依礼祭祀,祭祀爰居这种鸟,这些都是"不知"的事情。所谓"不仁"、"不知",实际上就是违背礼制的规定,难怪孔子对他进行批评了。其中不任用贤者展禽,就是不依礼使臣的错误行为。类似之事还有孔子评价陈灵公杀泄冶之事。据《左传·宣公九年》载：陈灵公淫乱，泄冶上谏而被杀，孔子十分生气地引《诗经》之语说："民之多辟（邪辟），无自立辟。"意思是，人间邪恶不胜其数，大概不需要再去立法度了吧。实际上，孔子批判陈灵公拒谏而杀泄冶的违背礼制、破坏法度的行为，反证出他要求统治者依礼使臣的思想。

当然，依礼使臣与礼遇人才是不可分离的。所谓礼遇人才，指国君或执政者应该善于发现人才、贤人并予以提携与重用，使国家政治走上良好的道路。《子路》仲弓问政中，孔子明确提出了"举贤才"的主张，"举"即荐举、推荐、举荐之意，对贤者予以提拔和重用，给予一定礼遇，使他们能为国家出力。仲弓问如何"知贤才而举之"时，孔子回答说："举尔所知；尔所不知，人其舍诸？"也就是说，只须推荐自己所知道的贤才，就是举荐人才了，而自己不知道则是没有办法的事。

这里都能够显现孔子强调国君与执政者"礼遇"贤才、人才的思想。《颜渊》中还有一段也十分明确提出举贤才问题：

樊迟问仁。子曰："爱人。"问知。子曰："知人。"

樊迟未达。子曰："举直错诸枉，能使枉者直。"

樊迟退，见子夏曰："乡也吾见于夫子而问知，子曰，'举直错诸枉，能使枉者直'，何谓也？"

子夏曰："富哉言乎！舜有天下，选于众，举皋陶，不仁者远矣。汤有天下，选于众，举伊尹，不仁者远矣。"

这段话虽是孔子回答樊迟问仁之事，其中孔子在回答"知"时定义为"知人"。什么是"知人"？"知人"指了解人。了解什么人？其中当然包括人才或贤人。因为孔子对"知人"解释是"举直错诸枉，能使枉者直"，即将正直之人的位置放在邪恶之人上面，那么就能使邪恶之人归于正直。这些正直之人当然是指贤人或人才。其实子夏后面进一步阐释时明确说是类似舜举皋陶、汤举伊尹那样的人，是完全符合孔子原意的。子夏阐释无误，孔子所说的"知人"确实包含着提拔贤人或人才的意思。《雍也》记载子游为武城宰，孔子问："女得人焉耳乎？"所谓"得人"就是得到人才，虽然这并非是国君得人，但至少可以看出孔子对发现人才予以的关注。我们从一些有关资料中可以找出不少孔子称颂国君或执政者礼遇贤人、人才的例证。《史记·商君列传》记载了孔子之语，"推贤而戴者进，聚不肖而王者退"，意思是推举贤能者就使有贤才者陆续进用，聚集无才德之人而称王者必然会使贤才知难而退，显然这是礼遇贤才的思想。《左传·昭公二十八年》载，孔子听说晋国执政的卿大夫魏献子任用有才能的贾辛为祁大夫，称赞魏献子举贤为义，认为他下的命令体现了对国家的忠诚。《韩非子·难三》载鲁哀公问政于孔子，孔子明确回答说"政在选贤"。孔子之所以批评臧文仲是个"窃位者"，原因是他违背了礼制，"知柳下惠之贤而不与立也"（《卫灵公》）。

《新序·杂事五》记载鲁哀公问向东扩修屋宅是否不祥，孔子回答说不祥之事有五项，向东扩修屋宅则不在其中，这五不祥是："损人而益己，身之不祥也；弃老（旧妇）而取幼（新妻），家之不祥也；释（抛弃）贤而不用，国之不祥也；老者不教，幼者不学，俗（社会）之不祥也；圣人伏匿，愚者擅权，天下之不祥也。"这"五不祥"确实发人深省。虽然《新序》是晚出资料，但其中"释贤而不用"与上述有关记载并不矛盾，是值得参考的有价值的资料。

事君尽礼

孔子强调执政者应该"使臣依礼"，同时他也强调"事君尽礼"（《八佾》），这是一个问题的两个方面。"事君尽礼"包含两个主要内容，一是不仕无义，二是以道事君。

在孔子看来，作为一个"士"，应该以政局为重，如果出仕，那么就应该尽可能为国家、为社会作出自己的努力与贡献。孔子一生东奔西波，为宣扬自己学术不遗余力，也正基于这一认识。《微子》中记载孔子周游诸国之时，曾路遇拄杖荷蓧老人，他是一位隐士，不愿出仕。子路对荷蓧老人的评价是："不仕无义。长幼之节，不可废也；君臣之义，如之何其废之？欲洁其身，而乱大伦。君子之仕也，行其义也。道之不行，已知之矣。"意思是批评这位老者不出仕，认为他隐居是种没有君臣之"义"的行为，在子路看来，长幼之节、君臣伦理是万万不可废的？君子出仕是施行或说履行君臣之"义"，荷蓧老人只想洁身自好，却乱了君臣之间的重要伦理关系。

当然，现实生活中，进仕者与退隐者都是客观存在的，孔子对退隐与出仕有自己看法。他曾说："隐居以求其志，行义以达其道。吾闻其语矣，未见其人也。"(《季氏》)孔子之语可以看出，他认为当时还没有出现退隐求志、行义达道之人。这里"隐居"与"行义"实际是指退隐与进仕的两种处世方式，但无论是"进"还是"退"，都必须修身向善，都应该求"道"、行"道"。孔子不是明确说过："士志于道"(《里仁》)、"志于道，据于德，依于仁，游于艺"(《述而》)吗？联系子路对荷蓧老人的评价而孔子并未表态，虽然我们不能据此就说孔子对荷蓧老人"不仕"持完全否定态度，但至少可以看出他大概是默认了子路"不仕无义"的观点，或者可以说，子路这一思想受到孔子的影响。

我们还可以用《微子》一段比较典型的话来分析孔子思想：

> 逸民：伯夷、叔齐、虞仲、夷逸、朱张、柳下惠、少连。子曰："不降其志，不辱其身，伯夷、叔齐与！"谓："柳下惠、少连，降志辱身矣，言中伦，行中虑，其斯而已矣。"谓："虞仲、夷逸，隐居放言，身中清，废中权。我则异于是，无可无不可。"

朱熹解释了上述孔子评虞仲、夷逸时说："仲雍居吴，断发文身，以为饰。隐居独善，合乎道之清。放言自废，合乎道之权。"(《四书章句集注》)显然，孔子把古"逸民"伯夷、叔齐、柳下惠、少连、虞仲、夷逸分成数等，认为伯夷、叔齐不动摇自己信念(志)，不辱没自己身份，柳下惠、少连则降低自己信念并且有辱自己身份，而虞仲、夷逸则是逃世隐居，行为虽廉洁，但被废弃也符合情理。换句话说，孔子并不认为凡隐居就是"出世高人",而是根据其实际情况来判断他们道德上的优劣。因此,虽说孔子并未强调"士"一定要出仕,但至少是默认子路对荷蓧老人"不仕无义"这一评判确是有根据的。

其实,上述孔子所说"隐居以求其志,行义以达其道"已经提出了自己评判的根据是"道",如果就出仕来说,出仕是履行君臣之"义",是符合礼制要求的。我们已经强调指出,作为维持社会秩序、社会制度的"礼",既是一种伦理道德力量,即以道德形式来维护制度,又是一种制度形式,即以强制性的制度来规范人们的思想及行为。那么我们就能够理解子路批评隐居不仕的荷蓧的老人,因为他没有根据"礼"的规范而出仕,于君臣大义来说是有缺陷的,恐怕这一观点是受到孔子平时所言所行的影响的,否则孔子就不会默认这一观点。

"不仕无义"仅是孔子师徒讨论君臣关系的一个原则,与此相关的是另一个原则,即"以道事君"。"以道事君"是孔子评价臣下服事君上的重要标准之一。所谓"以道事君"的道,是指道义,道义当然是符合当时政治、伦理规范,符合当时礼制规定的道义。这种"道"既是指臣下服事君上之准则,也是臣下是不是要服事君上的准则。《先进》载季子然问仲由、冉求是否可称为大臣,孔子明确说:"所谓大臣者,以道事君,不可则止。""止"即"不仕"、"退隐","仕"与"隐"的标准是"道"。实际上,这个"道"是指符合礼制的"君臣"之间的大伦关系。因此孔子说道:"天下有道则见,无道则隐。邦有道,贫且贱焉,耻也;邦无道,富且贵焉,耻也。"(《泰伯》)"有道则见"即出仕，"无道则隐"是退隐。

其实，孔子"以道事君"是指君臣双方的，君守君道，臣守臣道，这对君臣双方都是有约束的。因此，一个国家统治者、执政者是否守"道"，则是士是否出仕的标准。而臣下事君又须表现出符合"礼制"的"直"，即正直的品质。正直是人的一种品质，我们将在"人的行为准则"中再详加分析。这里先讨论"直"与事君之间关系。在孔子看来，"邦"、"国"有道还是无道是士"以道事君"的前提，而士入仕事君则应该正直。《卫灵公》中孔子称颂正直的史鱼"邦有道，如矢；邦无道，如矢"，称赞君子蘧伯玉"邦有道，则仕；邦无道，则可卷而怀之"。显然，孔子强调史鱼之正直不屈，赞同蘧伯玉仕有道而避无道，都表现了"以道事君"这一原则。子路问如何事君，孔子回答说："勿欺也，而犯之。"（《宪问》）孔子意思是在不欺骗国君的前提下，应该直言批评国君不正确的做法。这就是仕君之道的"正直"，是"以道事君"的具体表现，这充分表达出孔子对"君臣"关系的看法。因为在孔子看来，臣下以正直事君，是符合礼制规范或说要求的，是"忠"的一种表现，他所说的"君使臣以礼，臣事君以忠"（《八佾》），就是明证。无礼不忠，实为乱国之道。《史记·孔子世家》载：孔子去卫国，将赴晋国投奔执政赵简子，但路途中听说晋国贤大夫窦鸣犊、舜华被杀，于是不再赴晋，并作《陬操》以哀之。贤人被杀，自然是无道的表现，孔子也就断定晋国属于无道之邦国，便不再有赴晋之意。

当然，出仕者应该在平时就掌握礼，自觉遵循礼的规范，那么一旦出仕，所作所为就会符合礼的规范了。《史记·孔子世家》记载"孔子去曹适宋,与弟子习礼大树下",就是孔子平时注重"礼"的有力例证。

至于那些为臣不正直,巧言令色者,则是孔子强烈批判的对象,因为他们心口不一,决不可能表现出"仁德",所作所为当然也不可能符合礼制的规范。《微子》记载有人问孔子,为何柳下惠担任士师(司法官),三次被罢黜而不离开。孔子回答说:"直道而事人,焉往而不三黜?枉道而事人,何必去父母之邦?"孔子的含义是相当清楚的,认为以正直的态度来事君,可能到哪里都会受到罢黜,假如不正直而去事君,又何必离家远行呢?字里行间,我们能够看出孔子批评不正直而赞同正直。那些倒行逆施者,孔子更是鄙视之,怒斥之。如冉求仕于权臣季氏,并为他聚敛,不符合礼制的规范,孔子怒斥道:"非吾徒也。小子鸣鼓而攻之,可也。"(《先进》)

从现在留存下来的资料来看,孔子本人是愿意出仕的,也确实当过几茬官,他也曾鼓励自己弟子出仕,这从《论语》、《左传》及《史记》等有关记载中可以得到证明。然而,正像前面所论述的那样,孔子认为士(更不用说道德更为高尚的君子)出仕的原则是"以道事君",若君主或执政者无道,则可以不仕。倘若出仕之后倒行逆施,做出破坏礼制的行为,这是不能允许的。例如,孔子认为出仕就要顺从上级,但"弑父与君"这类败坏礼制的事是万万不能做的。

在笔者看来,"不仕无义"和"以道事君"是"事君尽礼"的两个方面,即作为一个士,不履行君臣之义是不可取的,因为这不符合礼制的规范,然而出仕又有"道"的标准，即一切行为都应该符合礼制规范。当然，士可以根据国君、执政们在施政时道德好坏来决定出仕还是退隐，但无论出仕还是退隐都是为了自身的道德修养，为了"达道"。

大家所熟悉的《先进》"子路、曾皙、冉有、公西华侍坐"中，孔子对曾皙"莫春者，春服既成，冠者五六人，童子六七人，浴乎沂，风乎舞雩，咏而归"大加赞赏，并说"吾与点也"。据《史记·仲尼弟子列传》可知，公西华小孔子42岁，这段记载应该是孔子晚年之事。在这时，孔子对自己的学术思想不能被诸国执政理解、接受十分伤心，并对诸国政局大为失望，因而有"吾与点也"的感叹。应该强调的是，这仅是孔子晚年的思想，并不能否定其早年积极要求仕进的思想。据《史记·孔子世家》称"季氏亦僭于公室，陪臣执国政，是以鲁自大夫以下皆僭离于正道。故孔子不仕，退而修诗书礼乐，弟子弥众，至自远方，莫不受业焉"，显然孔子不仕是晚年之事。

忠君敬事

在"事君尽礼"这一原则下，出仕者还须做到以下几个方面，才能算得上一位合格的官员。

首先，任劳任怨，以忠事君。《子路》"子路问政"中孔子明确说过，为官一方，须"先之劳之"、"无倦"，并且要做到"劳而不怨"（《尧曰》），也就是带头积极勤勉、任劳任怨地工作，不可懈怠。孔子批评那些"饱食终日，无所用心"（《阳货》）之人。当然，积极勤勉地工作，就应该脚踏实地，不能患得患失。孔子说："不患无位，患所以立。不患莫己知，求为可知也。"(《里仁》)意思是不愁自己没有担任职位，只愁自己没有当官的本领。不怕没人了解自己，去追求让别人来了解的本领吧。显然，无论是锻炼自己任职本领还是让别人来了解自己的本领，出仕者都必须以勤勉工作、任劳任怨来达到这一目的，懒散拖沓、得过且过都不可能使自己为政的本领有所提高。当然，勤勉工作、任劳任怨是对君主、对国家的忠诚，是出仕者应该做到的事。孔子明确说过："君使臣以礼，臣事君以忠。"(《八佾》)楚国令尹（相当宰相之职）子文多次担任令尹又屡被罢免，但移交政事一丝不苟，因此孔子认为这是"忠"的行为，是应该予以肯定的。当然，这种"忠"体现了子文自觉接受"礼"的规范，对国家、君上忠心耿耿。值得声明的是，"忠"既是政治观念，又是伦理观念。这一问题，笔者将在后面有关内容中再加讨论。

其次，戒骄戒躁，以尽臣道。孔子曾说："如有周公之才之美，使骄且吝，其余不足观也已。"(《泰伯》)孔子的意思是说，即使有周公这样好的才能，如果又骄傲又吝啬，那么也就不值得称道了。因为孔子明确指出有三种有害的"快乐"，说"乐骄乐，乐佚游，乐宴乐，损矣"(《季氏》)，意思是，以骄傲为快乐、以游荡为快乐、以宴乐为快乐三种情况都有"害"。在孔子看来，君子出仕应该具有五美："惠而不费，劳而不怨，欲而不贪，泰而不骄，威而不猛。"(《尧曰》)其中"泰而不骄"即安详舒泰而不可骄气凌人。孔子强调在"礼"的规范下，臣下应该尽臣道，而"无众寡，无小大，无敢慢"(《尧曰》)，即不论他人人数多寡、势力大小，都一视同仁。我们以孔子曾称赞过的在齐国三世为相的晏婴为例来说明。据《史记·管晏列传》记载，晏婴"以俭力行重于齐。既相齐，食不重肉，妾不衣帛。其在朝，君语及之，即危言；语不及之，即危行。国有道，即顺命；无道，即衡命。以此三世显名于诸侯"。晏婴相齐，位居国君之下，自然是位极人臣了，但他"食不重肉，妾不衣帛"，不正是"戒骄戒躁"的表现吗？与国君讨论政事，"国有道，即顺命；无道，即衡命（抗命）"，不正是在礼制的规范下对国家、国君最大的忠诚吗？《仲尼弟子列传》中也明确记载了孔子对晏婴为臣之道的高度评价。《史记集解》在注释上述之语时说："君择臣而使之，臣择君而事之，有道顺命，无道衡命，盖晏平仲之行也。"《孔子家语》卷三载孔子之语，"晏子于君为忠臣，于行为恭敬"，恭即谦逊，这也可作参考。当然，晏婴这种尽臣道的行为是符合"礼"的规范的，是其为臣道德的体现。孔子也注意到，事君尽礼，臣下可能会对君上表现出十分忠诚、谦逊，甚至会被"人以为谄也"（《八佾》），但孔子坚持认为这与那种奸佞阿谀之人完全是两回事。

其三，踏实肯干，敬事而食。《卫灵公》载孔子之言说："事君，敬其事而后其食"，意思是臣下服事君上，首先应该认真踏实地工作，而后考虑获得俸禄。子张在问政时，孔子也明确回答"居之无倦，行之以忠"（《颜渊》）。居之无倦，就是指臣下工作中毫不懈怠；行之以忠，即执行政令时要忠心耿耿。

实际上，"敬"中能体现出对礼的遵循。在《孝经·广要道》中记载了这么一段话："礼者，敬而已矣。故敬其父则子悦，敬其兄则弟悦，敬其君则臣悦。敬一人而千万人悦，所敬者寡而悦者众，此之谓要道也。"《广要道》自然是后出之文，此语并不一定出于孔子之口，但其思想核心与孔子并无二致。而且，"礼者，敬而已矣"仅是《广要道》对孔子之语的概括，与《论语》所载孔子之语相比，确实概括得有一定道理。因为在《季氏》中孔子提出的君子"九思"中便有"事思敬"；《宪问》中子路问君子，孔子明确说道："修己以敬。"修己便是依据"礼"的规范进行的修养。孔子对"居上不宽，为礼不敬，临丧不哀"（《八佾》）的执政者提出了严厉的批判。

当然，这里讲的"敬"还不是"敬事"之"敬"，笔者只是指出"敬"与"礼"的关系而已。若说"敬事而食"之"敬"，则是指在遵循"礼"的规范之下而认真踏实工作。因为在孔子看来，一个国家的大臣或执政者只有"敬事而食"，才能治理好一个国家。在《学而》中就有明确的记载："道千乘之国，敬事而信，节用而爱人，使民以时。"这里，孔子说到治理千乘大国的三个重要方面：从道德层面来说是"敬事而信"，从具体施政来说要"节用而爱人"，对待百姓则是"使民以时"。这三者中，首先就是"敬事而信"，可见孔子对"敬事"的高度关注。孔子高度评价子产，说他具有君子之道有四，其中便有"其事上也敬"（《公冶长》）一语。他甚至认为"居处恭，执事敬，与人忠"是仁德的表现，即使到了夷狄之邦，也"不可弃也"（《子路》）。

总而言之，君"使臣以礼"，臣"事君尽礼"，是孔子对君臣关系定下的原则。也就是说，孔子确实强调在"礼"的规范之中才能讨论君臣关系，这种君臣关系是理想的君臣关系。其实，在孔子所生活的特定时期，各国诸侯们逐渐丧失大权，掌权的卿大夫们当然不会理会孔子提出的这种君臣关系的原则，因此，孔子这一理想主义的君臣关系，并不为掌权的卿大夫们所欣赏与理会，就如一些强权的诸侯们不理会与周天子的君臣关系一样。

3. 君民关系

子曰："道千乘之国，敬事而信，节用而爱人①，使民以时。"

——《学而》

① 人：指官吏，不是普通百姓。后面"民"才指普通百姓。

樊迟请学稼①。子曰："吾不如老农。"请学为圃②曰："吾不如老圃。"

樊迟出。子曰："小人哉，樊须也！上好礼，则民莫敢不敬；上好义，则民莫敢不服；上好信，则民莫敢不用情。夫如是，则四方之民襁负其子而至矣，焉用稼？"

——《子路》

① 稼：指农业活，通指种庄稼。
② 圃：指园艺活，通指种果蔬。

孟氏①使阳肤②为士师③，问于曾子。曾子曰："上失④其道⑤，民散⑥久矣。如得其情⑦，则哀矜⑧而勿喜⑨！"

——《子张》

① 孟氏：鲁国大夫孟孙氏。
② 阳肤：不详其事迹。
③ 士师：主持审判的官员，法官。
④ 失：丧失、抛弃。
⑤ 道：治国之道，即国家法律法规。
⑥ 散：离心离德。
⑦ 情：犯罪实情。孔子意指犯罪的原因。
⑧ 哀矜：哀伤可怜、怜惜。
⑨ 喜：沾沾自喜，指审查明白而自鸣得意。

子曰："以不教民①战，是谓弃之。"

——《子路》

① 不教民：指没有受过军事训练的百姓。

子谓卫公子荆①，"善居室②，始有，曰：'苟合矣。'③少有④，曰：'苟完⑤矣。'富有，曰：'苟美⑥矣。'"

——《子路》

① 卫公子荆：卫国公子，名荆。
② 善居室：善于持家。
③ 苟合：苟，差不多；合，够。
④ 少有：增加一点。
⑤ 完：完备。
⑥ 美：富丽堂皇。

季康子患盗，问于孔子。孔子对曰："苟子之不欲，虽赏之不窃。"

——《颜渊》

哀公问于有若曰："年饥，用不足，如之何？"

有若对曰:"盍彻^①乎?"

对曰:"二^②,吾犹不足,如之何其彻也?"

对曰:"百姓足,君孰与不足? 百姓不足,君孰与足?"

——《颜渊》

---

① 彻: 当时收取百姓收成的十分之一, 称彻。
② 二: 两倍, 或说十分之二。

仲弓问子桑伯子^①。子曰:"可也简^②。"

仲弓曰:"居敬而行简,以临^③其民,不亦可乎? 居简而行简,无乃大简乎?"子曰:"雍之言然。"

——《雍也》

---

① 子桑伯子: 事迹无考。
② 简: 简易、简单。
③ 临: 治理。

仲弓问仁。子曰:"出门如见大宾^①,使民如承大祭^②。己所不欲,勿施于人。在邦无怨,在家无怨。"

——《颜渊》

---

① 大宾: 贵客。
③ 大祭: 重大的祭典。

季氏将伐颛臾^①。冉有^②、季路^③见于孔子曰:"季氏将有事^④于颛臾。"

孔子曰:"求! 无乃尔是过与? 夫颛臾,昔者先王以为东蒙⑤主，且在邦域之中⑥矣，是社稷之臣也。何以伐为？"

冉有曰："夫子⑦欲之，吾二臣者皆不欲也。"

孔子曰："求！周任⑧有言曰：'陈力就列，不能者止⑨。'危而不持，颠而不扶，则将焉用彼相矣？且尔言过矣，虎兕⑩出于柙⑪，龟玉⑫毁于椟中，是谁之过与？"

冉有曰："今夫颛臾，固而近于费⑬。今不取，后世必为子孙忧。"

孔子曰："求！君子疾⑭夫舍曰欲之⑮而必为之辞⑯。丘也闻有国有家者，不患寡（当作贫）而患不均，不患贫（当作寡）而患不安。盖均无贫，和无寡，安无倾。夫如是，故远人不服，则修文德⑰以来之。既来之，则安之。今由与求也，相夫子，远人不服⑱，而不能来也；邦分崩离析，而不能守⑲也；而谋动干戈于邦内。吾恐季孙之忧，不在颛臾，而在萧墙⑳之内也。"

——《季氏》

① 颛臾：附庸鲁国的小国名，在今山东费县西北。
② 冉有：即冉求，字子有，孔子弟子。郑玄称其鲁人。
③ 季路：即仲由，子路为字，卞人，孔子弟子。一字季路。
④ 有事：指战事。
⑤ 东蒙：指蒙山，今山东蒙阴县南，与费县交界。
⑥ 邦域之中：颛臾为鲁国附庸，故称邦域之中。
⑦ 夫子：对人尊称，此指季孙氏。
⑧ 周任：古之史官。
⑨ 陈力就列，不能者止：陈力指施展才力；就列指担任官职；不能指不行，达不到（效果）；止指停止，即辞职。
⑩ 虎兕：老虎犀牛。
⑪ 柙：笼子。
⑫ 龟玉：龟指卜龟，玉指美玉。两者都是当时国之重宝。
⑬ 固而近于费：固指城防坚固；费为季孙氏采邑。
⑭ 疾：厌恶。
⑮ 舍曰欲之：舍，意指回避。欲之，想要的东西，此指攻打颛臾。
⑯ 为之辞：为它找借口。
⑰ 文德：指仁义礼乐。
⑱ 服：归服。

⑲ 守：守住，即保全。

⑳ 萧墙：原指屏风，此指代鲁国国君。此句意即鲁国与季孙氏之间的矛盾。

　　子贡问政。子曰："足食，足兵，民信①之矣。"

　　子贡曰："必不得已而去，于斯三者何先？"曰："去兵。"

　　子贡曰："必不得已而去，于斯二者何先？"曰："去食。自古皆有死，民无信②不立③。"

——《颜渊》

① 足食、足兵、民信：三者均为使动用法，使（国家）粮食充足；使（国家）军队充足；使百姓信任（即获信于百姓）。

② 民无信：百姓（对政府）没有信任感。

③ 不立：无法立国。

　　叶公①问政。子曰："近者悦，远者来②。"

——《子路》

① 叶（shè）公：叶属楚，在今河南叶县南古叶城。叶公为叶地最高长官。此叶公为沈诸梁，是当时贤者。

② 来：归服。

　　南宫适问于孔子曰："羿①善射，奡②荡舟③，俱不得其死然。禹稷躬稼而有天下。"夫子不答。

　　南宫适出，子曰："君子哉若人！尚德哉若人！"

——《宪问》

① 羿：后羿，箭法很好。

② 奡（ào）：传说是夏代寒浞之子。

③ 荡舟：善于驾船，指驾船作战。

85

子路问曰:"何如斯可谓之士矣?"子曰:"切切偲偲①,怡怡②如也,可谓士矣。朋友切切偲偲,兄弟怡怡。"

——《子路》

① 切切偲偲: 相互批评貌。
② 怡怡: 和睦共处貌。

子曰:"听讼,吾犹人①也。必也使无讼乎!"

——《颜渊》

① 犹人: 与别人差不多。

孔子对理想国家中君民关系也有不少值得注意的观点。以笔者体会,至少有以下几个方面值得注意: 一是依礼使民,二是居敬行简,三是近悦远来。

依礼使民

我们先叙述季孙子(即季康子)征收赋税一事。据《左传·哀公十一年》记载,季孙子想按田征收赋税,派冉有多次去征求孔子意见,孔子都不表态,私下却对冉有说:"君子之行也度于礼: 施取其厚,事举其中,敛从其薄。如是,则以丘亦足矣。若不度于礼,而贪冒无厌,则虽以田赋,将以不足。且子季孙子欲行而法,则周公之典在? 若欲苟而行,又何访焉?"这段话大致是说: 君子处理政事应该"度于礼",即合于礼制的规定,具体是施予百姓应该从丰厚出发,兴办事业要适宜得当,赋敛则应该力求微少。如此,按田丘收取赋税应该是足够了。如果不根据礼制而敛取赋税，贪得无厌，那么虽然增加了田赋收入，仍然会感到不够。如果季孙子想做这件事又要合于法度规定，那么周公的法典不是都在那里吗？如果随心所欲地想去做这件事，那么又何必来征询我的意见呢？显然，孔子拒绝回答执政者季孙欲增赋税的要求，表达了他对季孙子的鄙视。孔子对冉有所说的话，强调的重点在于：执政者施政应该符合"礼制"的规定，不可随意妄作。我们不能据此简单地判断孔子以"周公之典"来说事，就是"复古"，是反对改革，是逆历史潮流。其实孔子表达的含义是"周公之典"与季孙子所想采取的赋敛之法两相比较，周公之典对百姓收取的赋税轻，因此他赞同这一规定，反对季孙子借改革之名横征暴敛；同时也惜名慎言，不让季孙子有借自己名声来混淆视听的机会。我们从"施取其厚，事举其中，敛从其薄"中，不正能看出孔子的"仁政"思想吗？此事又载《国语·鲁语下》，叙述大意相同。笔者以为，这则故事正是反映孔子"使民以礼"思想的典型事例。

这不是笔者自说自话，我们可以从《论语》中找出相应的证据。《先进》中记载季孙子富于周公，而冉求则为他横征暴敛以增加季孙子的财富。孔子知道后，大怒道："非吾徒也。小子鸣鼓而攻之，可也。"按照笔者的理解，《先进》所载之事，是上述《左传》所记季孙子派冉有征询孔子意见之后发生的。孔子已经私下告诫冉有应该根据"周公之典"来行事，然而冉有仍然帮助季孙子增加赋税，聚敛财富，难怪孔子就大发其火了。

《阳货》中记载子张问仁于孔子。孔子回答说能施行"恭，宽，信，敏，惠"五者于天下，就是仁了。其中"宽则得众"便是说宽厚就会得到大众的拥护，这宽厚至少应该包括轻徭薄赋吧。其实，这段话还可以与《尧曰》中"从政"的"五美四恶"问题联系起来看。孔子认为从政须讲五美：既给民众得利而自己并不耗费，使役百姓却不招致怨恨，自己求取仁德便得到仁德，无论势力大小而不被轻视，安泰矜持而不骄横。所谓四恶是：虐、暴、贼、有司。孔子解释道："不教而杀谓之虐；不戒视成谓之暴；慢令致期谓之贼；犹之与人也，出纳之吝谓之有司。"上述"不教而杀"、"不戒视成"、"慢令致期"、"出纳之吝"实际都是违背礼制的行为，执政者一旦采取这些恶政，那么百姓就会遭受苦难。

孔子认为执政者对礼重视与否，与统治百姓关系极为密切："上好礼，则民易使也。"（《宪问》）这里强调的礼的重要性，强调了礼与统治国家之间极其密切的关系。其实，执政者是否"好礼"关系到民心向背。孔子的弟子曾说："上失其道，民散久矣。"（《子罕》）这里论述"失道"与失民心关系。其实失道就是违背礼制的规范，因此，从这一意义上说，失道便是违礼，违礼就会失去民心（民散），执政者自然也就统治不长了。曾子的话是符合孔子思想的。《尸子·君治》记载孔子与子夏的一段对话：

孔子曰："商，汝知君之为君乎？"子夏曰："鱼失水则死，水失鱼犹为水也。"孔子曰："商知之矣。"

当然，《尸子》记载不见得就是孔子原话，但反映出来的是执政者与百姓之间的关系，倒是符合孔子思路的。《尸子》所载是把君民关系比作鱼水关系，而《荀子·哀公》中则记载孔子之语为："君者，舟也；庶人者，水也。水则载舟，水则覆舟。"把君民关系比作舟水关系，意思与《尸子》一样。虽然《荀子》所载也不见得就是孔子原话，但与《尸子》一样，思想理路与孔子没有不同。孔子不是说过"为政以德，譬如北辰居其所而众星共之"（《为政》）吗？用道德来治理国家当然也就是依礼制来治理国家，执政者与众人关系（当然包括臣下与国内百姓）就会像众星围绕北斗那样紧密了。《为政》还记载季康子问如何才能使百姓严肃认真，尽心尽力，并互相劝勉为国效力。孔子回答说，如果您对待百姓的事严肃认真，他们对你的政令也就会严肃认真；你孝顺父母、慈爱幼小，百姓就会对你尽心尽力；你提拔好人，教育能力较差的人，百姓就会互相劝勉为国效力了。可见，孔子确实把执政者与百姓的关系紧密联系起来考虑，强调两者关系是因果关系，具有必然性。

孔子曾说过："教民亲爱莫善于孝，教民礼顺莫善于悌，移风易俗莫善于乐，安上治民莫善于礼。"这段话在《礼记·经解》、《孝经·广要道》、《说苑·修文》、《汉书·礼乐志》都出现过，虽然前后之语有所不同，但"安上治民莫善于礼"一句都是有的，因此，大致可以断定这是孔子思想，至少与孔子"依礼治民"思想比较接近。

当然，"依礼"而施政，天下就是"有道"社会，有道社会是能得到百姓信赖与支持的，反之，百姓就会与执政者离心离德，乃至奋起反抗。孔子说过："天下有道，则庶人不议。"（《季氏》）所谓"天下有道"，当然是指执政者所作所为符合礼制的规范，如此，百姓就不会非议国政，就会支持执政者。如果执政者"放于利而行"（《里仁》），那么一定会招致许多怨恨。这里也曲折地反映出孔子认为的执政者与百姓间的关系，反映出孔子"依礼使民"思想。

依礼使民还强调了执政者对民众的关心问题。孔子曾说："以不教民战，是谓弃之。"（《子路》）杨伯峻先生将"不教民"作为一个词考虑，是正确的，即没有受过军事训练的百姓。孔子意思是让那些人上战场作战，便是遗弃百姓。换句话说，就是让他们去送死。春秋时期诸国之间关系复杂、战争频繁，战争是难以避免的。倘若对百姓进行必要的军事训练，那么便可以减少伤亡。这实际也是一种"爱人"的思想，体现出对民众的关心。

当然，爱民就需要执政者自觉节制自己，不可奢侈浪费。孔子曾对自己学生说起过卫国的公子荆，说他在生活上不那么奢侈浪费："始有，曰：'苟合矣。'少有，曰：'苟完矣。'富有，曰：'苟美矣。'"（《子路》）如果执政者或贵族能够节用，那么就可能减少对百姓的征赋征税，百姓就可能过上比较稳定或较为富裕的生活，国家就会稳定了。季康子患盗，向孔子求教，孔子回答"苟子之不欲，虽赏之不窃"（《颜渊》），不正是这一思想的最好例证吗？

孔子这种爱民思想在一定程度上影响到自己的学生。如《颜渊》中哀公问年用不足之事，孔子学生有若建议采取"彻"的方式。"彻"是符合礼制的收取赋税的方式，是收取年产量的十分之一。哀公声称现在收十分之二犹感不足，那么十取一就更不行了。有若回答说："百姓足，君孰与不足? 百姓不足，君孰与足?"意思是，如果百姓用度够了话，您怎么会感到不够? 如果百姓用度不足，那么您怎么可能够呢? 显然，这一爱民思想与孔子完全相同。

总之，依礼使民内涵比较丰富，是值得进一步探讨的。而且应该肯定，孔子的这一思想是基于其仁政学说之上的，有一定的价值与意义。

居敬行简

居敬行简是具体的统治方式，其意思是在遵循礼制的前提下，以简易的方式来治国治民，这就反映出君(执政者)与百姓之间的关系。我们先列一段《礼记》之文，《缁衣》说："子言之曰:'为上易事也，为下易知也，则刑不烦矣。'""易"即简易，全文意思是: 在上位的执政者施政简易，那么就会方便地(即简易)被处于下位的人了解，这样刑罚就不会苛烦了。其实，《说苑·政理》中鲁哀公问政于孔子比《缁衣》所说更为明确。《政理》中孔子强调，为政关键在于"使民富且寿"，即让百姓富裕并且长寿。那么如何做到这一点呢? 孔子说减轻对百姓的赋税则百姓富裕，不生事扰民则百姓不会获罪，就能长寿。显然，《缁衣》与《政理》两者都把"不生事扰民"，即"居敬行简"作为孔子施政于民的重要观点。在笔者看来，《缁衣》、《政理》所载，也与孔子思想比较吻合，因为在《论语》中就有类似的记载:

仲弓问子桑伯子。子曰:"可也简。"

仲弓曰:"居敬而行简，以临其民，不

亦可乎？居简而行简，无乃大简乎？"子曰：

"雍之言然。"(《雍也》)

仲弓(冉雍)认为统治者应该"居敬行简"来治理百姓，孔子是赞同的。所谓"居敬行简"是统治者以严肃认真的态度、简易可行的统治方式来治理国家。孔子赞同仲弓的"居敬行简"，反映出他主张的国家行政无须繁复，用简洁有效的方式来统治国家的观点。

当然，这种"简易"是基于"礼"的基础之上，决不可违背"礼"的规范。因此，孔子强调要教民以礼，提高百姓的道德素质，百姓都遵循礼了，国家便易于治理。《为政》中明确记载着孔子的话，"道之以政，齐之以刑，民免而无耻。道之以德，齐之以礼，有耻且格"，不正是说向百姓进行礼制教育吗？联系《尚书大传》卷四所载孔子所说："古之刑者省之，今之刑者繁之。其教，古者有礼然后有刑，是以刑省也。今者反是，无礼而齐之以刑，是以繁也。"即使这段话不是孔子所言，也应该认定它与孔子在重"礼"基础上"行简"的思想是基本一致的。

我们还可以引《史记》一段记载再来印证孔子的"居敬行简"的观点：

子路为蒲大夫，辞孔子。孔子曰："蒲多壮士，又难治。然吾语汝：恭以敬，可以执勇；宽以正，可以比众；恭正以静，可以报上。"(《史记·孔子世家》)

大致说来，《史记》记载比较可靠，可以视为重要参证资料。《史记》所载之语的大意是：子路辞别孔子赴蒲这个地方为官，孔子教育他要恭敬谦诚，因为这可以制服骁勇桀傲；要宽容公正，可以聚集民众；不滋事扰民，可以报答君上（执政者）。笔者对"恭正以静"一语十分欣赏，因为这体现以民为本、惜用民力的思想，这在当时是极有价值的思想。其实在《论语》中可以找到这段记载的"背景"资料。《先进》中孔子问诸位弟子的志向，子路夸下海口："千乘之国，摄乎大国之间，加之以师旅，因之以饥馑；由也为之，比及三年，可使有勇，且知方也。"而孔子则"哂之"，原因是治理国家应该以礼制，而子路之言一点也不谦让，似乎要大张旗鼓地干一番，因此孔子并不肯定子路，只是对他笑笑而已，显然，并不赞成子路这一"扰民"之举。而曾点那种田园牧歌式的治国方式，则得到孔子充分的肯定。另外，在《季氏》"季氏将伐颛臾"章中，冉有为季氏伐颛臾寻找借口，孔子批评季氏不能修仁义以聚百姓，反而穷兵黩武，扰民损国，认为如此就会招来灾难。其实，这里也曲折地反映出孔子"居敬行简"的思想。前面曾引用孔子所说的"无为而治者其舜也与"（《卫灵公》）一段话，实际上也反映出孔子的"居敬行简"思想。

　　当然，"行简"并不等于放任，决非放弃对民众的管理，或者说不使用民力。在孔子看来，使用民力应该讲究"时"，要适度。《学而》中就有"使民以时"的说法，强调对百姓的役使应该充分注意到"农时"。换句话说，农忙之时应该让农民有更多的时间从事农业生产劳动，而农闲之时，则可量其力而征用之。因此，孔子说子产有君子之道四，其中之一是"使民也义"（《公冶长》），"使民也义"就多少含有量力征役（适度）、使民以时的意思，否则就不是"义"了。

《颜渊》中记载孔子之语道:"出门如见大宾,使民如承大祭。""使民如承大祭",就是指役使百姓要像重大祭祀一样战战兢兢的,不可随意。显然,孔子强调对百姓役使应该极为注意,不可随意妄作,这当然需要"适度"。

孔子在讨论君民关系时,十分强调要取信于民。《颜渊》中有段典型的论述:

> 子贡问政。子曰:"足食,足兵,民信之矣。"
>
> 子贡曰:"必不得已而去,于斯三者何先?"曰:"去兵。"
>
> 子贡曰:"必不得已而去,于斯二者何先?"曰:"去食。自古皆有死,民无信不立。"

孔子提出的"足食,足兵,民信",是指国家粮食、军备充足和百姓对国家的信任。百姓对国家信任,实际含有取信于民的内容,国家得不到百姓的信任,怎么可想象百姓对国家会信任呢?《朱子语类》卷四十二有陈淳问此条:

> 问:"'民无信不立',是民自不立,是国不可立?"曰:"是民自不立。民不立,则国亦不能以立矣。"问:"民如何是不立?"曰:"有信则相守而死。无信,则相欺相诈,臣弃其君,子弃其父,各自求生路去。"

朱熹的解释可供参考,"信"实际上是双方的,国君取信于民,民则信任国君。

在孔子看来,执政者要以"信"立国,士大夫要以"信"立身。《卫灵公》有这么一段记载:

> 子张问行。子曰:"言忠信,行笃敬,虽
> 蛮貊之邦行矣。言不忠信,行不笃敬,虽州
> 里,行乎哉?立则见其参于前也,在舆则见
> 其倚于衡也,夫然后行。"子张书诸绅。

士大夫的忠信(忠诚有信誉)、笃敬(忠厚严肃)是行于天下之本,应该时刻记得它;如果"言不忠信,行不笃敬",那么到哪里都行不通。士大夫都要有信誉,国君与执政更应该如此了。

近悦远来

"近者悦,远者来",是指一种理想国家的社会状态。我们先看《墨子·耕柱》,叶公高问政于孔子,孔子回答说:"善为政者,远者近之,而旧者新之。"意思是说,善于治理政事者,对待远方的人是设法亲近他们,对待故旧则像对待新交一样。虽然不能说此语一定是孔子所言,但我们可以在《论语》中找到类似之语。《子路》中孔子回答叶公问政时说,"近者悦,远者来",意思是使境内之人高兴,境外之人前来投奔。这种状况当然是需要国内政治良好,才会使国内百姓高兴,远方百姓归顺。实际上,近悦远来是理想的社会的状态,是一幅君臣、君民和平相处、和谐融洽的图卷。

在孔子理想国家的蓝图中,处理好君臣关系、君民关系是相当重要的,而这一切都是为了建成一个和谐融洽的社会。孔子强调"德治"。他曾说"为政以德,譬如北辰居其所而众星共之"(《为政》),实际上是期盼一种国家上下"和洽"、社会安定和谐的政治局面。孔子曾说:"道之以政,齐之以刑,民免而

无耻；道之以德，齐之以礼，有耻且格。"（《为政》）"政"是政令，"刑"为刑罚，"德"即道德，"格"是归顺。这段话的意思是要对民众采取德教、礼教的态度，才能使民众归心于政府，这样便可达到社会和谐。显然，和谐融洽是孔子对理想的社会状态的追求。在这种理想的社会状态中，国君施行德治，省却繁琐的刑罚，百姓生活安定快乐。上面已经提及《先进》"子路、曾皙、冉有、公西华侍坐"章，孔子对曾点的"莫春者，春服既成，冠者五六人，童子六七人，浴乎沂，风乎舞雩，咏而归"最为欣赏，实际上表现出孔子对那种田园牧歌式的和谐、融洽、安定、快乐生活的向往与肯定。

要让百姓生活得和谐、融洽、安定、快乐，那么国君或执政者就不可滋事扰民。《宪问》记载南宫适问孔子"羿善射，奡荡舟，俱不得其死然。禹稷躬稼而有天下"。南宫适问羿、奡、禹、稷不同的行为导致不同结果，孔子虽未直接回答，但对南宫适进行肯定，以为他崇尚道德，真是个君子，实际体现孔子反对强权政治，穷兵黩武，主张德治的思想，因为只有采取德治，减少对百姓的滋扰，让百姓生活在一种安定祥和、和谐融洽的生活环境中，理想的社会才能出现。

孔子极力反对用严酷的刑罚来压服百姓，反对用刑杀的办法激化矛盾。季康子主张以"刑杀"的办法来使政治趋向于良好，但孔子并不同意："子为政，焉用杀？子欲善而民善矣。君子之德风，小人之德草。草上之风，必偃。"（《为政》）这句话实际上是要求统治者（国君或执政）首先要具备高尚的道德，采用道德教化的方式来进行统治，而不采取严酷的刑杀来威胁百姓。

在孔子看来，民心向背是对国君或执政者道德的最好的检验尺度。如齐景公那样，生前豪华富贵，而死后无德可称，这是为政的失败。而伯夷、叔齐虽饿死首阳山，仍然深受民众爱戴，这是他们的"德"决定的。因此，孔子强调："道千乘之国，敬事而信，节用而爱人，使民以时。"（《学而》）孔子强调治理具有千乘的中等国家，一定要严肃认真地对待政事，而且一定要诚信，节俭又爱人，使民以时，显然，这一切都是使社会能够达到安定、和谐、融洽状态的重要措施。

这里不得不再引《论语·季氏》载"季氏将伐颛臾"章中几段比较重要的话来印证笔者的观点：

孔子曰："求！周任有言曰：'陈力就列，不能者止。'危而不持，颠而不扶，则将焉用彼相矣？且尔言过矣，虎兕出于柙，龟玉毁于椟中，是谁之过与？"

冉有曰："今夫颛臾，固而近于费。今不取，后世必为子孙忧。"

孔子曰："求！君子疾夫舍曰欲之而必为之辞。丘也闻有国有家者，不患寡（当作贫）而患不均，不患贫（当作寡）而患不安。盖均无贫，和无寡，安无倾。夫如是，故远人不服，则修文德以来之。既来之，则安之。今由与求也，相夫子，远人不服，而不能来也；邦分崩离析，而不能守也；而谋动干戈于邦内。吾恐季孙之忧，不在颛臾，而在萧墙之内也。"

第一段孔子认为用自己力量去稳定社会是国君或执

政的责任,如果老虎、犀牛逃出笼子,卜龟、美玉毁在
匣中,是应该由他们负责的。第二段则说不能贪得无
厌,不必担心财富不多、财富不均、百姓太少,而应该
担心境内不安;如果财富平均就无所谓贫穷,境内和
谐安宁就不觉得人少,境内安宁就不会倾覆。如果远
方之国不归服,就可以修文德使他们归服。显然,孔
子出发点是稳定国内政局,只有国家平稳了,民众安
宁了,那么天下就太平无事了。

在孔子看来,国家稳定昌明是关键。董仲舒《春
秋繁露·身之养重于义》载孔子之语说:“国有道,虽
加刑,无刑也;国无道,虽杀之,不可胜也。”意思
是:国家政治昌明,即使增加刑罚名目,也不会有人
触犯而受刑;国家黑暗,即使采用刑杀办法来禁止,
也不可能杜绝犯罪现象。诚然,此语并不一定是孔子
原话,但与孔子思想合拍是肯定的。据《史记·仲尼弟
子列传》记载:“子路为蒲大夫,辞孔子。孔子曰:‘蒲
多壮士,又难治。然吾语汝:恭以敬,可以执勇;宽以
正,可以比众;恭正以静,可以报上。’”子路勇武过
人,孔子对他进行这番教导,不正是上述《春秋繁露》
中孔子之语的最好注脚吗?

自然,在孔子思想中,不但执政者与百姓之间要
和谐,其实相同等级之间的人也须和谐。孔子反对诸
侯毫无理由地为争夺一些土地、财富、人民而发动战
争,这在《论语》中多有记载。至于士大夫之间,孔子
也认为在不违背“礼制”的原则下,可在学术上相互
商讨,而且应该是在和平相处的前提下进行。子路曾
经向孔子问怎么样才算一个“士”,孔子回答说:“切
切偲偲,怡怡如也,可谓士矣。朋友切切偲偲,兄弟

怡怡。"(《子路》)切切偲偲指互相批评,怡怡指和睦共处。显然,孔子的意思是,士相互之间关系就应该像朋友关系那样坦诚地互相批评,像兄弟关系那样和睦共处。可见,在孔子思想上,相同等级关系者也应该和谐相处,因为这是实现理想社会必要的条件。

上述这一切,都是为了"和",即和谐、融洽,是为了建立起一个安宁、祥和的理想社会。孔子弟子有子曾说:"礼之用,和为贵。先王之道,斯为美;小大由之。有所不行,知和而和,不以礼节之,亦不可行也。"(《学而》)应该承认,有子的说法确实与孔子一脉相承,因为他同样强调在礼的规定之下"和为贵"!所以,后世学者反复引用"和为贵"来说明儒家的社会理想是有根据的。

自然,孔子是十分强调上下等级关系的,但是,他认为在这种理想的社会状态中,国君遵从礼制,施行德政,百官忠于政事,不滋扰百姓,百姓服从统治,才有可能上下等级安然有序。上面所引齐景公问政,孔子回答的"君君,臣臣,父父,子子"(《颜渊》),既是强调上下等级关系,也反映出孔子反对君不君、臣不臣,即违反礼仪制度的行为。《为政》中哀公问孔子:"何为则民服?"孔子回答是:"举直错诸枉,则民服;举枉错诸直,则民不服。"也就是说,为政之人(国君或执政)必须提拔正直之人而遗弃邪恶之人,如此才能使民众(百姓)信服,民众信服,则社会安定,国君与百姓之间就会相安无事,和谐社会便是如此。正如我们前面已经说的那样,我们不必讳言孔子思想中确有维护上下等级秩序的因素,但在阶级社会中,上下等级关系的存在是客观的现实,孔子有这样的思想是不奇怪的事，如果他没有这种思想才奇怪呢！问题在于孔子有这种思想因素的目的是什么，在我们看来，孔子是想建立一个和谐、稳定、安宁、融洽的理想社会！因此，我们就不必苛求孔子了。

这里，我们再用史传的例证来说明孔子"和"的思想。《左传·昭公二十年》载太叔当政时的措施，孔子评论说："'政宽则民慢，慢则纪之以猛；猛则民残，残则施之以宽。宽以济猛，猛以济宽，政是以和。'《诗》曰：'民亦劳止，汔可小康；惠此中国，以绥四方。'施之以宽也。'毋从诡随，以谨无良。式遏寇虐，惨不畏明。'纠之以猛也。'柔远能迩，以定我王。'平之以和也。又曰：'不竞不絿，不刚不柔。布政优优，百禄是遒。'和之至也。"孔子在这里对宽猛两手，引用《诗经》之语，作出极其精彩的论述：劳苦至极的百姓，只是希望能安居乐业，施恩惠于国内，可以安抚四方百姓。这是宽大。不要纵惠那些阿谀者，要约束不善者，应该制裁侵夺他人财产者（寇），以刑罚来遏制他们无视法度之心。这是严厉。抚慰远方，爱护近民，可以达到国政安定、王者尊贵。这是用"和"的方式达到"平"。不要争利不要急躁，不要太强硬也不可太柔弱，施政宽和刚好适宜，百种福禄都可来临。这是达到"和"的最高境界。

值得补充的是，在孔子看来，一个国家稳定、融洽、安宁，达到"无讼"状态，才是这个国家的理想状态。他说："听讼，吾犹人也。必也使无讼乎！"（《颜渊》）意思是听取诉讼，我与别人差不多，但最好还是没有诉讼吧。这可以看出孔子对理想社会的一种追求。

总而言之，孔子近悦远来是倡导一种"和"的思想，和谐、和平、和好，主张统治者与被统治者之间、相同等级之间、不同国度之间以"和"为准则来处理好各种关系，在当时社会中确实是一种比较超前的理想主义思想。自然，这种思想在当时历史条件下是不可能达到的，即使在后世也很难达到，但确实具有某些极有价值的因素，是值得我们总结与借鉴的。

三、理想人格

如前所说，孔子力图描绘出一幅理想社会的蓝图，企望建立理想的国家，为此奋斗终生。其实，理想社会也罢、理想国家也罢，都是由人组成的。换句话说，人的素质决定着该社会、国家的道德水平的程度。那么，孔子对这一理想社会或理想国家之中的人是怎么描述的呢？或者说，在这个理想社会、理想国家之中，理想的人格又是什么呢？

我们知道，孔子伦理哲学的核心是"为人"，即如何做人，也就是说，作为人如何使自己真正地成为严格意义上的人。当然，人之所以为人，与禽兽有差别，是因为人既具有作为区别于禽兽的人的个体属性，又有社会属性。因此，孔子的为人就包含着两个方面：一是个人的道德修养问题，是使人成为理想的"个人"；另一个是处理人与人之间关系问题，是使人成为理想的"社会人"。孔子"为人"哲学，实际是倡导一种以"道德"为核心的理想人格理论，孔子为此奋斗一生。我们知道，孔子一生主要是从事教育活动，为创建儒家学派与实现自己的理想社会不遗余力。在这一过程中，孔子极其强调个人道德修养，强调个人道德修养与社会准则之间的关系。为此，他设计出一整套理想人格——以"道德"为核心——的人格理论。

在这一理想人格理论中，君子是典范，君子应该具有仁、义两种基本素质，否则就不成为君子。君子应该忧道不忧贫，应该有自己毕生的对"道"的追求，从而在行事处世上体现出知仁达义、遵循礼制规范的品格。

1．君子——理想人格的范例

子谓子夏曰：“女为君子儒！无为小人①儒！”

——《雍也》

---

① 小人：道德低下者。

子曰：“圣人，吾不得而见之矣；得见君子者，斯可矣。”

子曰：“善人，吾不得而见之矣；得见有恒者①，斯可矣。亡而为有②，虚而为盈，约③而为泰④，难乎有恒矣。”

——《述而》

---

① 有恒者：有一定道德操守者。

② 亡而为有：没有装作有。亡即无。

③ 约：贫困、贫穷。

④ 泰：富有。

孔子曰：“君子有三畏：畏天命，畏大人①，畏圣人之言。小人不知天命而不畏也，狎②大人，侮圣人之言。”

——《季氏》

---

① 大人：官职高者。《论语译注》称王公大人，亦可。

② 狎：轻侮。

子游曰：“子夏之门人小子，当洒扫应对进退，则可矣，抑末也。本①之则无，如之何？”

子夏闻之，曰：“噫！言游过矣！君子之道，孰先传②焉？孰后倦③焉？譬诸草木，区以别矣。君子之道，焉可诬也？有始有卒者, 其惟圣人乎! "

——《子张》

---

① 本: 与 "末" 相对。本为基础, 末为枝节。
② 传: 传授。
③ 倦: 讲述、传授。

冉有曰: "夫子为^①卫君乎? " 子贡曰: "诺; 吾将问之。"

入, 曰: "伯夷、叔齐何人也? " 曰: "古之贤人也。" 曰: "怨乎? " 曰: "求仁而得仁, 又何怨? "

出, 曰: "夫子不为也。"

——《述而》

---

① 为: 同意、赞同。

子路问成人^①。子曰: "若臧武仲之知, 公绰^②之不欲, 卞庄子^③之勇, 冉求之艺, 文之以礼乐, 亦可以为成人矣。" 曰: "今之成人者何必然? 见利思义, 见危授命, 久要(长久贫困)不忘平生之言, 亦可以为成人矣。"

——《宪问》

---

① 成人: 道德完善之人。
② 公绰: 孟公绰, 鲁国大夫。
③ 卞庄子: 鲁国勇士。

子张问善人之道^①。子曰: "不践迹^②, 亦不入于室。"

——《先进》

① 道：方法、途径。
② 践迹：踩着脚印，指向他人学习。

子曰："善人教民七年，亦可以即戎矣。"

——《子路》

子曰："文，莫吾犹人^①也。躬行君子，则吾未之有得。"

——《述而》

---

① 莫吾犹人：大概与别人差不多。

孔子的理想人格的范例就是"君子"，这是上升到道德意义上来立论的。就此而言，这种理想人格实际上便是一种道德人格。

与君子类似的理想人格概念还有圣人、贤人、成人、仁人、善人等等，都是指品德高尚、人格健全的人，而这些理想人格只是有道德程度上的"量"的差异，并无"质"的不同，其中以"圣人"为最高，以"君子"为基准。孔子以为，圣人、善人是可望而不可及的，君子则可望而可及："圣人，吾不得而见之矣；得见君子者，斯可矣。""善人，吾不得而见之矣；得见有恒者，斯可矣。"（《述而》）"有恒者"是指有一定道德操守者，实际仍是指君子。孔子不言圣人与善人，而说君子，显然是把君子作为现实中可以达到的理想人格。

值得注意的是，君子并不仅仅是道德高尚、人格健全，同时还应该具有一定的知识，这可以从孔子希望子贡成为"君子儒"、不要成为"小人儒"的教诲中

孔宅古井

看出。

"君子"一词早在孔子之前就出现了，有两种含义：一是对统治者的泛称，与被统治者小人、野人相对而言，如《尚书·酒诰》中"越庶伯君子"、《诗·魏风·伐檀》中"彼君子兮"等等就是这个意思；二是妻子对丈夫的称呼，《诗·王风·君子于役》中"君子于役，不知其期"就是这个意思。孔子赋予君子第三种含义，即指道德品格高尚的人，"君子儒"就是这种用法。在孔子看来："君子"是道德高尚者，"儒"是有知识的人（儒在当时被视为传授知识者），两者合一则是君子儒。显然，君子是孔子思想中所认定的理想人格的范例。孔子要子贡成为有知识有道德的人——即君子儒，而不要成为仅有知识而无道德的小人儒的原因就在这里。

孔子以造就一批有较高道德素养、有知识的君子作为自己毕生努力的目标。诚然，孔子曾说过"文，莫吾犹人也。躬行君子，则吾未之有得"（《述而》），即自认为还未达到君子水准，这当然可以视为孔子的谦虚，但也可见成为君子并不是轻而易举的事，因为君子在孔子思想中是理想的人格，只有社会上出现大量的君子，这个社会才能称之为"有道"的社会，才是理想的社会。由此，孔子认为，一切有关道德与知识的教育都应该围绕着培养道德之人而展开。

2. 理想人格的基本素质：仁

子曰："弟子①，入则孝，出则悌，谨②而信，泛爱众，而亲仁。行有余力，则以学文。"

——《学而》

① 弟子：后生小子。
② 谨：谨慎（说话）。

樊迟问知。子曰："务①民之义，敬鬼神而远之，可谓知矣。"

问仁。曰："仁者先难而后获②，可谓仁矣。"

——《雍也》

① 务：致力、从事。
② 先难后获：先付出后获得。但具体指什么，历来有不同认识。笔者认为："先难""后获"正是孔子对"仁"的两层意思的概括："先难"是指仁者先施"仁"于他人是不容易的；"后获"是指施仁于他人之后获得（即验证）自己的"仁德"，先施仁于他人后加以验证"可谓仁矣"。

　　子贡问仁。子曰："工①欲善其事，必先利其器②。居是邦也，事其大夫之贤者，友其士之仁者。"

——《卫灵公》

① 工：工匠，指手工业匠人。
② 器：工具。

　　子曰："君子怀①德，小人怀土；君子怀刑，小人怀惠。"

——《里仁》

① 怀：关心。

　　子贡曰："如有博施于民而济众，何如？可谓仁乎？"子曰："何事①于仁！必也圣乎！尧舜其犹病诸②！夫仁者，己欲立而立人，己欲达而达人。能近取譬，可谓仁之方③也已。"

——《雍也》

① 事：同至。
② 病诸：达不到这样。
③ 方：方法。

　　樊迟问仁。子曰："居处恭，执事敬，与人忠。虽之夷狄，不可弃也。"

——《子路》

子张^①问仁于孔子。孔子曰："能行五者于天下为仁矣。"

"请问之。"曰："恭，宽，信，敏，惠。恭则不侮，宽则得众，信则人任焉，敏则有功，惠则足以使人。"

——《阳货》

① 子张：孔子弟子颛孙师，字子张，陈人。

仲弓问仁。子曰："出门如见大宾，使民如承大祭。己所不欲，勿施于人。在邦无怨，在家无怨。"

——《颜渊》

子曰："譬如为山，未成一篑^①，止，吾止^②也。譬如平地，虽覆一篑，进，吾往也。"

——《子罕》

① 未成一篑：差一筐土。篑，装土的筐。
② 吾止：是我自己停止。

子曰："巧言令色，鲜矣仁。"

——《阳货》

孔子对理想人格应该具备的素质论述颇多，其中最基本的有两种素质，一是仁，一是义。也就是说，至少具有仁、义这两种素质的人才是"道德个人"，这就可以成为君子。下面我们就道德来分析"仁"。

孔子的"仁"究竟指什么？这在学术界是个纠缠不清的问题，我们还是从仁的内涵入手进行分析。据杨伯峻《论语译注》统计：仁字在《论语》中共使用109次。显然，从使用频繁中可以看出孔子对"仁"的极其重视。

"仁"是指君子应该具有的道德是毫无疑问的，但仅仅只说是指君子的道德就有缺陷了。笔者认为："仁"包含着两个层面的意思，一是指"我"（主体）对他人（客体）的仁爱举措，即内在的仁的德性向外的施予；一是指已经向外施予的仁爱举措来体现"我"内在的仁德，是从外而内的验证，以完善自我。下面分别诠释仁的两个方面。

"仁"指"我"对他人的仁爱举措。如《子路》中樊迟问仁，孔子说："爱人。"《学而》中讲"泛爱众而亲仁"。这"爱人"与"泛爱众"，均是指"我"对他人施予的仁爱举措，是"我"内在的仁德向外施予的过程与结果。

"仁"也是作为已经施予的仁爱举措来验证内在仁德。如《雍也》载樊迟问仁，孔子回答："仁者先难而后获，可谓仁矣。""先难""后获"是什么意思，孔子并未说明。在相当长的一段时间内，学者们都仅仅从修养者本身角度来讨论这个问题，尤其是强调个人修养的两宋理学家更是如此。程颐说："先难，克己也。以所难为先，而不计所获，仁也。"（参见朱熹《四书章句集注》卷三引程颐之语）朱熹说："先其事之所难，而后其效之所得，仁者之心也。此必因樊迟之失而告之。"（《四书章句集注》卷三）朱熹还说：

"获,有期望之意。学者之于仁,工夫最难。但先为人所难为,不必有期望之心,可也。"(《朱子语类》卷三十二)"只是我合做底事,便自做将去,更无下面一截。才有计获之心,便不是了。"朱熹将"难"说成个人的修养,因此认为个人只须直捷修养而不须考虑是否得到"仁德",有期望获得仁德之心就无益于修养。显然,朱熹的话是从程颐"克己"之语引伸出来的,程颐与朱熹的解释都是臆测孔子之语。我们并不否认孔子的"仁"含有从个人修养来立论这一层意思,但只强调这一个方面就很难正确理解孔子"仁"的真谛,况且,孔子明确说"后获",确实含有获取之意,怎么能说"不必有期望之心"呢? 在笔者看来,"先难""后获"正是孔子对"仁"的两层意思的概括:"先难"是指仁者先施"仁"于他人是不容易的;"后获"是指施仁于他人之后获得(即验证)自己的"仁德",先施仁于他人再加以验证"可谓仁矣"。如果说"仁者先难而后获"仅是指个人的修养,后面的"获"字就得不到落实,于是只能像程颐、朱熹曲解为"仁者"进行修养而不求所获了。我们可以举下面一段话作旁证:

子贡曰:"如有博施于民而济众,何如?可谓仁乎?"子曰:"何事于仁! 必也圣乎! 尧舜其犹病诸! 夫仁者,己欲立而立人,己欲达而达人。"(《雍也》)

这里的"施"、"济"都有仁者施予仁爱举措给他人的含义,"可谓仁乎"则是验证施予者是否为"仁者",也就是从施予者是否具有仁德这个层面上来立说的。孔子认为"博施""济众"是超过"仁者"而能体现出

子贡庐墓处

"圣人"的境界，因此是比较难做到的事。在孔子看来，只要做到"己欲立而立人，己欲达而达人"，就能验证施予是否具有"仁德"了，他就是仁者。也就是只要从"我"个人所"欲"之事（仁者当然欲仁）来施予他人，就可以验证自己是否具备"仁德"了，无须从更高的标准"博施""济众"来立论。显然，孔子是从"我"与"他人"之间关系入手来讨论"仁"的含义的，区分出仁的施予层面与验证层面，而并非像程颐、朱熹那样仅从个人修养一个层面来阐述"仁"的内涵。

我们认为，如果理解"仁"包含着两个层面，则可以了解孔子许多论述"仁"问题的话语的真谛：

樊迟问仁。子曰："居处恭，执事敬，与人忠。虽之夷狄，不可弃也。"（《子路》）

子张问仁于孔子。孔子曰："能行五者于

天下为仁矣。"

"请问之。"曰:"恭,宽,信,敏,惠。
恭则不侮,宽则得众,信则人任焉,敏则有
功,惠则足以使人。"(《阳货》)

这里,孔子回答樊迟、子张问仁,虽有不同,但都从
"我"对他人的仁爱举措来立论的,即从"我"所表
现出来的恭、敬、忠、宽、信、敏、惠来体现自己的仁
德,而这一切都是属于"仁"的细目。在仲弓问"仁"
时,孔子说:"出门如见大宾,使民如承大祭。"(《颜
渊》)"出门如见大宾"就是恭、敬,"使民如承大
祭"就是宽、惠,说法虽与上述稍异,但含义是一致
的。子贡问仁,孔子回答:"工欲善其事,必先利其
器。居是邦也,事其大夫之贤者,友其士之仁者。"
(《卫灵公》)显然,要使自己具有"仁德",就必须
先以"仁德"的具体内容去践履,践履方法很多,其
中"事其大夫之贤者,友其士之仁者"都是指"我"进
行道德修养的方法。因此孔子强调"君子去仁,恶乎
成名? 君子无终食之间违仁,造次必于是,颠沛必于
是"(《里仁》)。他以为君子在道德修养上要"进德"
"为仁":"譬如为山,未成一篑,止,吾止也。譬如
平地,虽覆一篑,进,吾往也。"(《子罕》)而且孔子
认为君子内在的仁与外在的表现是统一的:"巧言令
色,鲜矣仁!"(《阳货》)在孔子看来,无论是仁的施
予层面或验证层面,都有它的规定性,是可操作的,
否则人就难以通过修养而成为君子了。

3．理想人格的基本素质：义

子曰："君子义①以为质，礼以行之，孙②以出之，信以成之。君子哉！"

——《卫灵公》

① 义：《论语译注》释为"合宜的原则"，误。义为道德概念之"义"。
② 孙：谦逊。

子曰："君子之于天下也，无适①也，无莫也，义之与比。"

——《里仁》

① 适：合适、合理。下面的"莫"意义相反。

子曰："德之不修，学之不讲，闻义不能徙，不善不能改，是吾忧也。"

——《述而》

子张问崇德辨惑。子曰："主忠信，徙义，崇德也。爱之欲其生，恶之欲其死。既欲其生，又欲其死，是惑也。'诚不以富，亦祇以异①'。"

——《颜渊》

① 诚不以富，亦祇以异：《诗·小雅·我行其野》中的句子。朱熹《论语集注》解释为"诗所言，不足以致富而适足以取异也"，似可取。

子谓子产，"有君子之道四焉：其行己也恭，其事上也敬，其养民也惠[①]，其使民也义[②]"。

——《公冶长》

[①] 惠：慈惠。
[②] 义：《论语译注》释为"合宜"，误。义为道德概念之"义"。

子曰："君子喻[①]于义，小人喻于利。"

——《里仁》

[①] 喻：明白、懂得。

子问公叔文子[①]于公明贾[②]曰："信乎，夫子不言，不笑，不取乎？"

公明贾对曰："以告者[③]过[④]也。夫子时[⑤]然后言，人不厌其言；乐然后笑，人不厌其笑；义然后取，人不厌其取。"

子曰："其然[⑥]？岂其然乎？"

——《宪问》

[①] 公叔文子：卫国大夫。
[②] 公明贾：卫人。
[③] 告者：传话者。
[④] 过：错。
[⑤] 时：……时，指应该说话时。
[⑥] 其然：真是这样吗？

子曰："饭疏[①]食饮水，曲肱[②]而枕之，乐亦在其中矣。不义而富且贵，于我如浮云。"

——《述而》

① 疏: 同蔬。
② 肱: 胳膊。

子曰:"群居终日,言不及义,好行小慧①,难②矣哉!"

——《卫灵公》

① 慧: 聪明。
② 难: 难以(教育、教导)。

孔子认为: 君子不但要具备"仁"这一道德素质,还必须具备"义"这一道德素质,否则就不能成为君子。长期以来,学者们忽视了"义"在孔子思想中的重要地位,往往在讨论孔子思想的核心时只抓住"仁"或抓住"礼",而将"义"作为一种次要的概念,笔者认为是值得商榷的。

"义"虽然在《论语》中只出现了二十四次,不足"仁"的四分之一,但"义"仍是孔子理想人格的重要概念,忽视不得。"义"在《论语》中有两种含义,一是指君子应该具备的道德素质,如"君子义以为质"(《卫灵公》)、"君子义以为上"(《阳货》);二是指人与人之间的一种双向的伦理关系,是一种内在的道德标准,通过这种标准来调整人与人之间的关系。如"君臣之义如之何其废之"(《微子》)中的"义",就是指君臣之间的一种双向的伦理关系,或说是君与臣各自所具有的如何对待对方的内在标准,从而使君臣关系得到调整。显然,仁包含着君子"仁德"向外施予及验证两个层面,而"义"则是君子施予及验证仁德时一种内在的道德素质与标准,偏重讨论人与人之间关系，因而并非仅指个人道德修养。因此，孔子说："君子之于天下也，无适也，无莫也，义之与比。"（《里仁》）"义之与比"就是强调君子在处世行事要唯"义"是从，唯义是从一方面说明义是人与人之间的双向的伦理关系，另一方面恰恰说明"义"也是君子作为内在道德的标准之一，即是一种道德素质。

在孔子看来，仁与义都十分重要，有仁有义，才属于君子。孔子说"君子义以为质"（《卫灵公》），即义是君子的重要素质。杨伯峻《论语译注》将此"义以为质"解释为"合宜的原则"，笔者认为这种解释不符合孔子原意。因为孔子在说"君子义以为质，礼以行之，孙以出之，信以成之"中，把"义"作为君子的一种内在的道德素质，同时认为，即使具有这种道德品质，还需要依"礼"来实行它，用谦逊的言语来表达它，以诚实的态度来促成它。这句话中并未提及"仁"，那么是否可以认为孔子并没有将"义"作为与"仁"同等重要的道德素质呢？回答是否定的。因为我们前面引证的"德之不修，学之不讲，闻义不能徙，不善不能改，是吾忧也"一段话，十分明显地显示出"修德""徙义"都是君子所为，君子应该"仁""义"并重。而孔子说"君子义以为质"不过是侧重于强调君子必须具备"义"，而且还要依据礼行事、要谦逊、要讲信誉，这是从验证层面上说的，与验证"仁"毫无差别。其实，孔子还说"主忠信，徙义，崇德也"（《颜渊》），也十分清楚地表明孔子将君子的道德修养（崇德）概括为"主忠信"（属于仁德）与"徙义"，显然是仁义并重，并不偏废，反映出孔子认为君子"崇德"应该从"仁""义"两方面来提高自己道德素质，正表明理想人格所必须具有的两种道德素质。正由于此，在子路问君子是否崇尚"勇"时，孔子强调"君子义以为上"（《阳货》），即君子更加看重"义"。孔子对子产的评价很高，认为子产"有君子之道四焉：其行己也恭，其事上也敬，其养民也惠，其使民也义"（《公冶长》）。杨伯峻先生将"义"解释成为"合宜"，当然，仅仅从这句话来解释也勉强说得通，但是是有缺陷的。因为孔子评价子产是从道德素质上立论的，举出子产符合"君子之道"的四个方面。前面"恭"、"敬"指道德素质是没有问题的。而"惠"不是恩惠的意思，因为施予恩惠不一定都是君子所为，这与前面的"有君子之道四焉"不合。"惠"是指慈惠，慈惠属于君子施予民众的一种仁爱；《阳货》中"能行五者（恭、宽、信、敏、惠）于天下为仁"，其中"惠则足以使人"是其注脚。因此，"养民也惠"之"惠"是慈惠而非恩惠，是道德素质之一。《宪问》中孔子说子产是"惠人"，也就是指子产是慈惠之人。上述三者都是指道德素质，那么"义"也应该从道德角度来解释。全句意思是：子产具备君子的道德素质有四方面，他使自己容貌严肃端庄，他服事国君谨慎负责，他养育民众慈惠仁爱，他使役民众符合义的规定。显然，孔子对子产的"君子之道"，是从子产对民众施予仁爱（施予层面）并符合"义"（验证层面）来评述的。

孔子认为"义"是判别君子与小人的标准之一："君子喻于义，小人喻于利。"（《里仁》）这里的"利"是有益于自己的"私利"。这里，孔子是从道德的境界来着眼的，强调君子追求内在的道德之"义"，而小人追求身外的物质之"利"，孔子将"义""利"作为区别君子与小人的试金石，体现其重视"义"这一君子素质的思想。孔子甚至还说过：君子要"见利思义"（《宪问》），"思义"是说见到利时应该从自身道德修养上思考是否符合"义"的规定；又说"义然后取"（《宪问》），即君子应该以"义"衡量后才可"取"利，这与上章中"取之有道"是同一含义。倘若"利"不合"义"，那么即使是"饭疏食饮水，曲肱而枕之"（《述而》），也应乐在其中，就像颜回身居陋巷而不改其志。显然，孔子强调理想人格——君子——首先应该追求自身的道德境界，而不是追求"不义"的"利"。

4．君子忧道不忧贫

子曰："君子谋①道不谋食。耕也，馁在其中矣；学也，禄在其中矣。君子忧道不忧贫。"

——《卫灵公》

---

① 谋：图谋、营求。

子曰："君子道者三，我无能焉：仁者不忧，知者不惑，勇者不惧。"子贡曰："夫子自道也。"

——《宪问》

司马牛问君子。子曰："君子不忧不惧。"

曰："不忧不惧，斯谓之君子已乎？"子曰："内省不疚①，夫何忧何惧？"

——《颜渊》

① 疚: 惭愧。

子曰: "贤哉, 回也! 一箪食, 一瓢饮, 在陋巷, 人不堪其忧, 回也不改其乐。贤哉, 回也! "

——《雍也》

曾子曰: "吾日三省吾身, 为人谋而不忠乎? 与朋友交而不信乎? 传①不习乎? "

——《学而》

① 传: 指老师传授的知识。

子曰: "君子坦荡荡, 小人长戚戚①。"

——《述而》

① 戚戚: 忧愁貌。

子曰: "君子疾没世而名不称焉。"

——《卫灵公》

如前所述, 孔子认为理想人格是君子, 而君子必须具有仁与义这两个基本素质, 否则就不成其为君子。至于君子是富贵是贫贱, 则不是判断标准。在孔子看来, 君子应该 "忧道不忧贫", 也就是说, 君子只考虑自己的一切行为是否符合 "道" 的规范, 而不考虑自己的贫富。

当然, 孔子坦率承认, 富与贵这类 "利" 也是人们所希望获得的，即承认人们追求富贵的合理性，但应该"取之有道"；他也强调贫与贱是人们所厌恶的，但也需要以"道"来衡量，否则"君子去仁，恶乎成名"（《里仁》）。孔子强调追求富贵与摆脱贫贱，都是以"道"为标准来衡量的，这一道包括仁与义两个最为主要的方面，这就是君子所以成为君子的原因。

孔子曾说："君子道者三，我无能焉：仁者不忧，知者不惑，勇者不惧。"子贡曰："夫子自道也。"（《宪问》）这里的知者不惑的"惑"是迷惑，勇者不惧的"惧"是惧怕，这是比较容易理解的，而"仁者不忧"之"忧"当然是忧虑之意，但忧的内容则需要考证一下。在《论语》中"忧"字15见，下面两段孔子之语甚为重要：

司马牛问君子。子曰："君子不忧不惧。"

曰："不忧不惧，斯谓之君子已乎？"子曰："内省不疚，夫何忧何惧？"（《颜渊》）

德之不修，学之不讲，闻义不能徙，不善不能改，是吾忧也。（《述而》）

第一段引文是指君子要做到行事不亏，才不内疚；行事不亏就必须行仁义、遵循礼，否则都会"有亏"。因此，君子要"内省不疚"，经常反省自己的行为是否符合仁义、是否符合礼，只有这样，君子才不会有什么忧惧。这与上述"仁者不忧"是同一含义。第二段引文中修德指求仁，讲学主要内容当然是仁义之道，徙义是践履义，是个人道德践履，迁善也是使自己道德归于仁义。显然，上述的"忧"实质上都是指一种内省（反省），所关心的重点是个人的道德修养，即有"验证"自己道德修养是否符合"仁"或说是否符合"仁义之道"的意思。孔子评价颜渊"一箪食,一瓢饮,在陋巷,人不堪其忧,回也不改其乐"(《雍也》),是说颜渊志于道则乐而忘忧,是君子的"不忧",显然是指道德修养问题。孔子的学生曾子十分了解其师的这种"内省"精神的实质,他说:"吾日三省吾身,为人谋而不忠乎?与朋友交而不信乎?传不习乎?"(《学而》)反省自己,与孔子所"忧"内容在思辨理路上是一致的。

陋巷故址碑

在孔子看来,君子追求仁义是为了使自己名扬天下,因此"君子坦荡荡"(《述而》),他们担心的只是"疾没世而名不称焉"(《卫灵公》)。显然,追求不朽是孔子理想主义思想中的一个重要组成部分。在《季氏》中也提到伯夷、叔齐饿死首阳山却"民于今称之"。伯夷、叔齐饿死首阳山与颜回"不改其乐"有异曲同工之妙,是君子"不忧"其贫而忧其道的例证,也是孔子所宣扬的理想人格,君子追求人生不朽境界的最明确的根据。

综上所述,孔子将仁义作为理想人格的基本素质,也就是说,要成为君子必须具备仁与义两种基本的道德素质,而且要具有反省精神,否则就不能成为君子。

5.志于道:理想人格毕生的追求

子曰:"志于道,据于德,依于仁,游于艺。"

——《述而》

子曰:"三军可夺帅也,匹夫不可夺志也。"

——《子罕》

子曰:"仁远乎哉? 我欲仁,斯仁至矣。"

——《述而》

子曰:"岁寒,然后知松柏之后凋①也。"

——《子罕》

① 凋：凋弊。

子曰："古之学者为己①，今之学者为人②。"

——《宪问》

① 为己：为自己。即为自己修养。
② 为人：为别人。即装样子给人看。

子夏曰："博学而笃志，切问而近思，仁在其中矣。"

——《子张》

子曰："苟①志于仁矣，无恶也。"

——《里仁》

① 苟：假如。

子曰："士志于道，而耻恶衣恶食者，未足与议也。"

——《里仁》

子曰："君子上达①，小人下达②。"

——《宪问》

① 上达：上达仁义。
② 下达：关注财富。

子曰："莫我知也夫！"子贡曰："何为其莫知子也？"子曰："不怨天，不尤人，下学而上达。知我者其天乎！"

——《宪问》

125

曾子曰："士不可以不弘毅①，任重而道远。仁以为己任，不亦重乎? 死而后已，不亦远乎?"

——《泰伯》

---

① 弘毅: 强毅。

上面已经提到了追求不朽是孔子理想人格的重要组成部分。实际上，追求不朽就需要立志向仁、努力达道。以孔子的话来说，立志就是"志于道"或说"志于仁"，仁体现出道。孔子明确说过君子"志于道，据于德，依于仁，游于艺"（《述而》）。显然，立志向道（仁）对一个君子是极其重要的。他说过"三军可夺帅也，匹夫不可夺志也"（《子罕》），这里的"匹夫"并非君子，但我们可以从这句话中看出，连"匹夫"之志都不可丧失，何况君子之志呢! 可见，孔子对"立志"是相当看重的。

"志"字在《论语》中共17见，其中一次为"志士"，其余均为单字使用。志有两种基本解释，一是志向、意志，二是立志于、有志于。前者是名词，后者为动词。

那么君子需要立什么志? 我们可以从孔子对君子应该具有的两种基本素质入手分析。如上所述，孔子认为君子一生应该追求完善自己，充实和提高己身的仁、义这两个基本素质。追求仁、义，当然应该有决心，有信心，就必须立志向仁（道）。在孔子看来，仁并非遥不可及，只要自己立志向仁就可以获得："仁远乎哉? 我欲仁，斯仁至矣。"（《述而》）显然，只要自己"欲仁"，那么就会获得仁德。在《里仁》中，有

段意思与此类似之语:

> 子曰:"富与贵,是人之所欲也;不以其道得之,不处也。贫与贱,是人之所恶也;不以其道得之,不去也。君子去仁,恶乎成名? 君子无终食之间违仁,造次必于是,颠沛必于是。"(《里仁》)

意思是,富贵是人人都想要,贫贱是人人都想抛弃,但是,不按照正当的手段来达到目的是完全不可取的。作为君子,抛弃了仁德,他就无法成就自己的名声。因此,君子必须时时刻刻与仁同在,立志向仁。真正"志于道"者是经得起考验的:"岁寒,然后知松柏之后凋也。"(《子罕》)

"志于道"者需要不断学习,不断充实自己仁德,而非装装样子而已。孔子曾说:"古之学者为己,今之学者为人。"(《宪问》)"为己"就是为自己,意思是修养自己的道德,"为人"则是为他人,即装装样子给别人看。子夏曾说:"博学而笃志,切问而近思,仁在其中矣。"(《子张》)在博学笃志、切问近思的过程中,"仁在其中",这一思想与孔子的"志于道"、"志于仁"基本合拍。

当然,"志于仁"是绝对没有坏处的,他说道:"苟志于仁矣,无恶也。"(《里仁》)不过,"志于仁"也罢,"志于道"也罢,都应该是真心实意,而不能口是心非:"士志于道,而耻恶衣恶食者,未足与议也。"(《里仁》)显然,"志于道"者即使像颜渊那样身居陋巷、粗衣淡食,也必须乐于论道,那些计较衣食、满口仁义道德的"伪"仁者是不值得一说的。孔子曾说过:"君子上达,小人下达。"(《宪问》)"上达"就是使自己获得更高的道德水准,"下达"指能达于财货。

孔子曾说道:"隐居以求其志,行义以达其道。"(《季氏》)"求其志"实际是验证自己的志向。前面也已指出,"隐居"与"行义"实际是指仕进与退隐两种处世方式,君子无论是进是退,都应该修身向善,提高自己的道德修养,其实都要验证自己是否"志于仁"、"志于道"。实际上,这段引文之前还有"见善如不及,见不善如探汤",意思是看到良好者要担心赶不上,看到邪恶者像手伸入沸水那样避开。这不正是"志于仁"的注脚吗?孔子还曾经以前代人物作比较:"逸民:伯夷、叔齐、虞仲、夷逸、朱张、柳下惠、少连。子曰:'不降其志,不辱其身,伯夷、叔齐与!'谓'柳下惠、少连,降志辱身矣,言中伦,行中虑,其期而已矣'。谓'虞仲、夷逸,隐居放言,身中清,废中权。我则异于是,无可无不可'。"(《微子》)这几位都是人才,但他们在志向上有很大差别:伯夷、叔齐不动摇自己志向,不辱没己身;柳下惠、少连则降低自己志向,辱没己身;虞仲、夷逸则是隐居避世之士,直言不讳,行为廉洁,废黜符合权宜的法则。"我则异于是,无可无不可"一语历来解释有不同,《论语集解义疏》卷九引马融注:"亦不必进,亦不必退,唯义所在也。"此或不确。《孟子·公孙丑上》中有公孙丑问"伯夷、伊尹何如",孟子回答说:"不同道。非其君不事,非其民不使;治则进,乱则退,伯夷也。何事非君,何使非民;治亦进,乱亦进,伊尹也。可以仕则仕,可以止则止,可以久则久,可以速则速,孔子也。

皆古圣人也,吾未能有行焉;乃所愿,则学孔子也。"其中"可以仕则仕,可以止则止,可以久则久,可以速则速,孔子也"一语是这段话的比较准确的注脚。换句话说,孔子与伯夷等七人做法不同,无论仕进还是退隐,其实都是一个目的,坚持自己的志节以行道义。孟子说:"尊德乐义,则可以嚣嚣矣。故士穷不失义,达不离道。穷不失义,故士得己焉;达不离道,故民不失望焉。古之人,得志,泽加于民;不得志,修身见于世。穷则独善其身,达则兼善天下。"(《尽心上》)其中"古之人,得志,泽加于民;不得志,修身见于世。穷则独善其身,达则兼善天下",这已经成为后世学者的座右铭了。

"志于道"者应该勇于改过,弃恶迁善,要有自我批评精神,如此才能使自己成为道德高尚的君子。孔子本人就是如此。据《述而》记载,陈司败批评孔子对鲁君婚同姓这种违反礼制的行为未加针砭,孔子坦率地承认了自己的错误,具有勇于改过的勇气,而非文过饰非的掩饰。他甚至说"加我数年,五十以学《易》,可以无大过矣"(《述而》),这显示出孔子勇于改过的坦诚胸怀。

实际上,孔子明确说过"过则勿惮改"(《子罕》),改过则善,不改则恶,只有"过而不改"(《卫灵公》),才是真正的"过"了。因此,他称赞"欲寡其过"的蘧伯玉(参见《宪问》),表扬好学并"不迁怒,不贰过"(《雍也》)的颜回,对那些"见其过"而没有"内自讼者"(《公冶长》)十分鄙视。

改过向善是"志于道"者在道德修养过程中一个重要环节,是君子之所以成为君子的必要前提,是君子毕生追求"道"的人格动力。

　　在孔子看来，"志于道"、"志于仁"是君子毕生追求的目标，甚至比生命还重要。他说："志士仁人，无求生以害仁，有杀身以成仁。"（《卫灵公》）孔子学生曾子说过："士不可以不弘毅，任重而道远。仁以为己任，不亦重乎？死而后已，不亦远乎？"（《述而》）意思是作为一个士不可以不刚强而有毅力，因为任重道远。将实现仁德流行于天下，这不是很重的担子吗？到死方休不是道路遥远吗？孟子对此也有一段论述："鱼我所欲也，熊掌亦我所欲也；二者不可兼得，舍鱼而取熊掌者也。生亦我所欲也，义亦我所欲也；二者不可兼得，舍生而取义者也。"（《告子上》）因而，"杀身成仁"、"任重道远"、"舍生取义"成为儒学思想中相当重要的原则，是留给后世的极其珍贵的遗产。

6．不知礼，无以立：理想人格行事处世

　　子曰："礼云礼云，玉帛云乎哉？乐云乐云，钟鼓云乎哉？"

——《阳货》

　　子曰："好勇疾①贫，乱也②。人而不仁，疾之已甚，乱也。"

——《泰伯》

---

① 疾：讨厌、厌恶。

② 乱：祸害。

孔子曰："不知命，无以为君子也；不知礼，无以立也；不知言，无以知人也。"

——《尧曰》

子入太庙[1]，每事问。或曰："孰谓鄹[2]人之子知礼乎？入太庙，每事问。"

子闻之，曰："是礼也。"

——《八佾》

[1] 太庙：开国之祖的庙。
[2] 鄹人：鄹，地名。孔子之父叔梁纥担任过鄹大夫，古代有称治所大夫为某地人的习惯，故鄹人指叔梁纥。

季氏旅[1]于泰山。子谓冉有曰："女弗能救[2]与？"对曰："不能。"子曰："呜呼！曾谓[3]泰山不如林放[4]乎？"

——《八佾》

[1] 旅：祭祀。
[2] 救：劝止、阻止。季氏祭祀泰山不合礼制，故需劝止。
[3] 曾谓：难道说。
[4] 泰山不如林放乎：泰山之神不如林放懂得礼吗？

阙党[1]童子将[2]命。或问之曰："益[3]者与？"子曰："吾见其居于位也，见其与先生并行[4]也。非求益者也，欲速成[5]者也。"

——《宪问》

[1] 阙党：地名。
[2] 将：传达。

③ 益：上进。
④ 并行：并肩而行。按礼的规范，晚辈不可与长辈并排行走。
⑤ 速成：急于求成。

　　三家①者以《雍》②彻③。子曰："'相维辟公，天子穆穆'，奚取于三家之堂？"

——《八佾》

----

① 三家：仲孙、孟孙、季孙，鲁国当权的三位大夫家族。
② 《雍》：《诗·周颂》中的一篇。
③ 彻：同撤，撤除（祭品）。

　　在讨论了君子理想人格的基本素质之后，有必要再对君子行事处世作一讨论，以期进一步了解孔子对理想人格的看法。实际上，理想人格的行事处世是与"礼"的关系紧密联系着的。

　　在《阳货》中有一句话很值得重视："礼云礼云，玉帛云乎哉？乐云乐云，钟鼓云乎哉？"意思是，礼制仅仅是指玉帛等祭祀礼物而言吗？乐仅仅是指钟、鼓之类乐器而言吗？显然，孔子是反对这种狭隘的观点的。因为在孔子看来，礼乐不仅是一种制度，而且也是君子行事处世的一种社会规范。孔子说："人而不仁，如礼何？人而不仁，如乐何？"（《八佾》）这是说做一个"人"，必须要有"仁德"，否则就不会符合"礼""乐"的规范，从而失去做一个能自立于社会的正直之人的资格。前面所引证过的"克己复礼为仁"一语，也表示要加强个人修养、返回到礼的规范去。换句话说，礼乐就是造就君子的规范，不依礼乐而行是不值得肯定的人。在孔子看来，"不知礼，无以立"（《尧曰》），因为一个人不懂得礼的规范是难以处世立身的，也就不可能成为一个君子。他教育儿子孔鲤说"不学礼，无以立"（《季氏》），也是同样的意思。而《八佾》记载"子入太庙，每事问。或曰：'孰谓鄹人之子知礼乎？入太庙，每事问。'子闻之，曰：'是礼也。'"孔子认为入太庙每事问是礼所规定的，因此不可违背它，可见孔子本人也确实努力遵循着"礼"的规范。

泰山"五岳独尊"摩崖石刻

当然，一般的人不是生下来就懂得礼的，而是要在行事处世中学习礼，从而使自己成为符合礼仪规范的具有道德素质的"君子"。《左传·昭公七年》记载了这么一件事：

> 孟僖子病不能相礼，乃讲学之，苟能礼者从之。……仲尼曰："能补过者，君子也。《诗》曰：'君子是则是效。'孟僖子可则效已矣。"

这里孔子表扬了虽不知礼但能努力去学习礼的孟僖子，认为他"能补过"就不失为君子的举措。在《论语》中也记载了孔子批评阙党童子的话："吾见其居于位也，见其与先生并行也。非求益者也，欲速成者也。"（《宪问》）依据礼的规范，童子与长辈在一起，应立于主人之北，面向南，随长辈而行应该略在长辈之后，不可并行。据此，孔子认为阙党童子不遵循礼的规定而大模大样地坐着、与长辈并肩而行，就判断他在道德修养上不是个求取进步者，而是个急于求成的人，因而对他进行批评。

众所周知，在阶级社会中，礼是有等级的，孔子不可能超越这一时代的限定而主张人人平等，因此我们也不必对此耿耿于怀，对孔子进行责难。其实，在当时社会中，作为有等级的"礼"与"刑"一样，在相当程度上仍是维持社会稳定和谐、促进经济平稳发展的规范，如果没有这种礼对人进行规范的话，恐怕社会就会产生极大的混乱。作为一个思想家，孔子十分看重"礼"的规范性，强调不可做违背"礼"的事，由此，孔子对违背礼的行为是采取批评态度的。例如，身为大夫的季氏赴泰山祭祀，孔子弟子冉有作为季氏的家臣随同而去。对此，孔子批评冉有为何不劝止，冉有回答自己无能为力，孔子讽刺道："呜呼！曾谓泰山不如林放乎？"（《八佾》）意思是难道泰山之神不如林放懂礼吗？实际上是批评季氏、冉有不懂得礼，因为当时只有天子才配祭祀泰山，而季氏祭祀泰山则违反"礼"的规范。又如在《八佾》中，仲孙、叔孙、季孙三家祭祀祖先时唱着《雍》来撤除祭祀礼品，这种方法是周天子才能使用的，因此孔子对三家违反礼的规范是不满的。至于季氏用天子的八佾之舞，超过了礼的规范，孔子十分生气地斥责道："是可忍也，孰不可忍也？"对于违反礼所规范的事，孔子不但反对，甚至连看都不想看。显然，孔子是用礼来对人们进行教诲，以期使人们变成君子。《礼记·曲礼》称"是故圣人作礼以教人，使人以有礼，知自别于禽兽"，这倒是说到了点子上的。

四、人的行为准则

如前所述，孔子理想人格的范例是君子，君子应该具备的基本素质是仁与义，应该遵循礼的规范。其实说到底，孔子理想人格的核心是"为人"，即作为一个自然之人如何使自己真正地成为严格意义上的道德之人。因此，人之所以为人，是因为人既是具有作为区别于禽兽的人的个体属性，又有社会属性。因此，为人一方面是个人的道德修养问题，是使人成为道德的"个人"；另一方面是处理人与人之间关系问题，是使人成为理想的"社会人"。也就是说，作为君子就有一个行事处世的行为准则，以显示自己高尚的道德情操。如果说"仁""义"等理想人格的基本素质虽然也有"表露"在外的方面，但它们毕竟主要是内在的，而人的行为准则虽由人的内在素质决定，但它们主要是外露的，即具体表现于行事之上，更多地体现在人与人交往过程之中。因此，笔者认为仁、义主要是君子内在的素质，而知、信、忠、孝之类行为准则却是道德素质的外在表现。

那么，君子的行为准则包括哪些内容？在笔者看来，最重要的范畴是知、信、忠与恕、孝与弟（悌）等，其次还有勇、刚、毅、正、直、修、让、敬、恭等。下面逐一分析这些范畴。

1. 知

樊迟问仁。子曰："爱人。"问知。子曰："知人。"

樊迟未达。子曰："举直错诸枉，能使枉者直。"

樊迟退，见子夏曰："乡也吾见于夫子而问知，子曰，'举直错诸枉，能使枉者直'，何谓也？"

子夏曰："富哉言乎！舜有天下，选于众，举皋陶，不仁者远矣。汤有天下，选于众，举伊尹，不仁者远矣。"

——《颜渊》

子曰："知及①之，仁不能守之；虽得之，必失之。知及之，仁能守之。不庄②以莅③之，则民不敬。知及之，仁能守之，庄以莅之，动之不以礼，未善也。"

——《卫灵公》

---

① 及：达到、得到。
② 庄：端庄、严肃。
③ 莅：临，即治理。

子曰："君子不可小知①而可大受②也，小人不可大受而可小知也。"

——《卫灵公》

---

① 知：知遇。
② 受：接受。

孔子曰："生而知之①者上也，学而知之者次也；困而学之，又其次也；困而不学，民^②斯为下矣。"

——《季氏》

---

① 之：仁义道德。孔子是从道德角度立论。
② 民：人。过去都释为普通百姓，误。

子曰："唯上知^①与下愚不移。"

——《阳货》

---

① 上知：孙星衍《问字堂集》"上知谓生而知之，下愚为困而不学"，其说甚有道理。

子曰："宁武子，邦有道，则知；邦无道，则愚^①。其知可及也，其愚不可及也。"

——《公冶长》

---

① 愚：愚蠢，此指装傻。

子曰："里^①仁为美。择不处仁，焉得知？"

——《里仁》

---

① 里：居住。

子曰："人而无信，不知其可也。大车无輗，小车无軏^①，其何以行之哉？"

——《为政》

① 軹、軓:都是车辕上的横木。

"知"在《论语》中出现118次之多,其中与"智"相当者共22次,含义指人在行事处世时表现出来的聪明、聪慧、智慧。

孔子认为,"知"有君子之"知"与小人之"知"的区别。在孔子看来,君子之"知"是与"仁""义"联系在一起的。《论语》中有这么一段记载:

> 樊迟……问知。子曰:"知人。"
>
> 樊迟未达。子曰:"举直错诸枉,能使枉者直。"
>
> 樊迟退,见子夏曰:"乡也吾见于夫子而问知,子曰'举直错诸枉,能使枉者直',何谓也?"
>
> 子夏曰:"富哉言乎!舜有天下,选于众,举皋陶,不仁者远矣。汤有天下,选于众,举伊尹,不仁者远矣。"(《颜渊》)

"知人"是善于举荐他人的意思;"举直错诸枉"是说将正直者的位置安排在邪恶者之上,即举贤授能,能举荐贤能者当然是君子;"能使枉者直"是指用这种办法使邪恶者去恶从善。因此,子夏以舜荐皋陶、汤荐伊尹能使不仁者远离为例来说明"知"。不少学者指出"使枉者直"属于"仁","举直"是"智","举直错诸枉"则是"仁智之事"。应该说,这种说法大致符合孔子原意。因为在孔子看来,"举直错诸枉,则民服;举枉错诸直,则民不服"(《为政》),为政之人必须提拔正直者而遗弃邪恶者,如此才会使"民服",民所服的是君子这类人的"仁"和"义";而之所以能使人服，则智者能之。《论语·子路》"上好义，则民莫敢不服"是其注脚。显然，孔子是从道德层面上解释"知"的，含有对仁义道德的体认问题，当然这一"知"又体现出君子与小人在行事上的不同。这是孔子区分君子之"知"与小人之"知"的例证。

孔子曾说："里仁为美。择不处仁，焉得知？"（《里仁》）虽然孔子没有说择"仁"而居者为何种人，但从语意中可断定是君子而非小人，因为小人并不注重有无"仁"的问题。君子择"仁"而居体现为"知"，是因为选择本身就具有对"仁"的判别问题。孔子说"我欲仁，斯仁至矣"（《述而》），"欲仁"也包含着对仁的判别与选择。

樊迟另一次问"知"，孔子回答："务民之义，敬鬼神而远之，可谓知矣。"（《雍也》）如果联系上面回答樊迟的话，君子之"知"包含两个方面：一是仁，一是义，或者是对仁义的判断与选择；同时也可看出孔子侧重的是"人"的伦理道德，而对"鬼神"则敬而远之，其实质是孔子不迷惑于鬼神信仰，"子不语怪、力、乱、神"（《述而》）正是这一思想的注脚。这种认识在当时并不是落后的，因为在鬼神信仰笼罩着中华大地时，孔子对此抱有怀疑，应该说是属于一种比较先进的重人事的观点，它开创了儒家重人事的先河。不过也须指出，孔子这种侧重人事的观点忽视了对自然界的必要认知，而恰恰是这种缺陷又直接影响到孔子之后的儒家思想家们，使他们也落在这一窠臼中难以自拔。

除了君子之"知"，还有小人之"知"和常人之"知"。《卫灵公》中说：

　　　　知及之，仁不能守之；虽得之，必失之。
　　　知及之，仁能守之，不庄以莅之，则民不敬。
　　　知及之，仁能守之，庄以莅之，动之不以礼，
　　未善也。

此段未谈所"及之""守之"的具体对象，朱熹认为是"天理"（理），非是；杨伯峻认为是禄位或天下国家之意，应该说是正确的。其实，上述是讨论三类不同之人："知及之，仁不能守之"者是无仁小人之"知"；"知及之，仁能守之，不庄以莅之"与"知及之，仁能守之，庄以莅之，动之不以礼"两者，虽非无仁小人，但也非君子，只是常人而已。孔子曾批评卫国大夫宁武子"邦有道，则知；邦无道，则愚"（《公冶长》），这里的"愚"也是一种"知"，是一种处世圆滑的"知"。当然无论宁武子的"知"还是"愚"，都不是君子之"知"。显然，孔子从道德角度区分出君子之知、常人之知与小人之知。

　　值得补充的是，孔子曾说："君子不可小知而可大受也，小人不可大受而可小知也。"（《卫灵公》）杨伯峻先生释"知"为"考验"，恐怕有误，因为在《论语》中，孔子对小人的评价是极低的，因此孔子大概不会有给予小人"小考验"的想法。在笔者看来，这"知"是"知遇"之意。此句含义是：君子不可仅给予一点知遇之恩，而是让他担当重任；小人不可给予重任，却可给他一点知遇之恩。如此解释，大概更符合孔子原意。此语是讨论国君与臣下关系，即国君要知人善任，然而要知人善任，就必须从道德上判断此人是君子还是小人；当然，能知人善任者本身也应该是有"知"的君子。

与"知"相对是"愚","愚"在《论语》中9见。在知与愚的对举中,有一段话长期以来被解释错了:"子曰:'唯上知与下愚不移。'"(《阳货》)其实,这段话含义是清楚的:只有上等的智者与下等的愚人是不会改变的。但是,有些学者将此演绎为孔子对人性问题,即上等智者与下等愚人的品性会不会改变问题的看法,或说成是对知识的掌握问题的看法,即"生而知之"的上等智者,无须学习就懂得一切知识;而"困而不学"则是"下愚",即受到困惑仍不愿学习者是愚人。这些观点确有可商榷之处。因为,孔子的哲学是伦理哲学,并不能完全套用现代哲学的认识论或人性论的一些观点来解析。在此,首先罗列两段经常被学者们用来"证明"自己观点的原文:

> 子曰:"我非生而知之者,好古,敏以求
> 之者也。"(《述而》)
> 孔子曰:"生而知之者上也;学而知之者
> 次也;困而学之,又其次也;困而不学,民斯
> 为下矣。"(《季氏》)

上述两段话中最关键的是"知之"的"之"的内容,和对"民"所指代范围的判断,它涉及到对孔子思想理解的正确与否。"之"是指示代词是没有疑问的,但所指代的是"仁义之道"。因为,孔子认为君子之"知"是对仁义之道的体认,而上述此文中孔子也明确说自己并非生来就通晓仁义之道,而是"好古,敏以求之"得来的。因此,"求之"的"之"是指仁义之道而非人性。第二段话也从对道德的掌握来区分:生而懂得仁义之道者是上等人,学而懂得仁义之道者为其次,遇到困惑而学到仁义之道者又其次,在困惑中仍不学仁义之道,那么这种人是属于下等的人。这段话

的主语是一般意义上的"人",所谓上等下等是从道德角度来立论的,并不是指社会地位高低。有些学者解释"民"为平民百姓,将孔子这段话解释成百姓困惑而不学,所以是最下等的人,这种说法并不符合孔子原意。其实,"民"仍是"一般意义上的人",并非特指平民百姓,下面的"斯"是指示代词,是指代人当中的那些"困而不学者",因此这段话准确的意思是:困惑而不学,这部分人是最下等的。其实,在孔子看来,普通百姓也能修养道德,并非只有社会地位较高的贵族才能修养道德。事实上,孔子批评过贵族、甚至国君中不懂仁义之道者,指出他们在道德上是属于下等之人。这不是笔者有意抬高孔子,因为从孔子学生的出身及他对一些士或贵族的评价可以证实这一点。杨伯峻先生翻译此语为"遇见困难而不学,老百姓就是这种最最下等的人"(《论语译注》第177页),将孔子描绘成歧视普通百姓的人,确实严重地歪曲了孔子的原意,是不足取的。因此,"唯上知与下愚不移"的准确解释是指上等智者对仁义之道的掌握与下等愚人不能掌握仁义之道是不会改变的。这种下等愚人就是指"困而不学者"。当然,这种观点仍带有先验的色彩,实际上这是孔子从道德角度将人分为圣人、贤人、君子、常人、小人各种等级的必然结果。

2. 信

子贡问曰:"何如斯可谓之士矣?"子曰:"行己①有耻,使于四方,不辱君命,可谓士矣。"

曰:"敢问其次。"曰:"宗族称孝焉,乡党称弟②焉。"

曰："敢问其次。"曰："言必信,行必果,硁硁^③然小人哉! ——抑亦可以为次矣。"

曰："今之从政者何如?"曰："噫! 斗筲^④之人,何足算也?"

——《子路》

---

① 行己:自己的行事。
② 弟:同悌。
③ 硁(kēng)硁:固执。
④ 斗筲之人:指度量小、见识短的人。斗,古代量名;筲,古代装饭的筐。

子曰："君子贞^①而不谅^②。"

——《卫灵公》

---

① 贞:贞信,大信用。
② 谅:固执,此指小信用。

子曰："主忠信,毋友不如己者,过则勿惮改。"

——《子罕》

子曰："十室之邑,必有忠信如丘者焉,不如丘之好学也。"

——《公冶长》

子以四教:文、行、忠、信。

——《述而》

子张问崇德辨惑。子曰："主忠信,徙义,崇德也。爱之欲

145

其生，恶之欲其死。既欲其生，又欲其死，是惑也。'诚不以富，亦祇以异'。"

——《颜渊》

子贡问政。子曰："足食、足兵、民信之矣。"

子贡曰："必不得已而去，于斯三者何先？"曰："去兵。"

子贡曰："必不得已而去，于斯二者何先？"曰："去食。自古皆有死，民无信不立。"

——《颜渊》

在《论语》中，"信"字37见，但作为道德概念上使用的"信"只有24次，是指与人交往中守信誉、守信用的意思，是人行事处世的准则，也是人之所以为人的最基本品质。

子贡问曰："何如斯可谓之士矣？"子曰："行己有耻，使于四方，不辱君命，可谓士矣。"

曰："敢问其次。"曰："宗族称孝焉，乡党称弟焉。"

曰："敢问其次。"曰："言必信，行必果，硁硁然小人哉！——抑亦可以为次矣。"

曰："今之从政者何如？"曰："噫！斗筲之人，何足算也？"（《子路》）

显然，孔子认为从道德角度来区分，"士"有数等："行己有耻"、"宗族称孝"、"乡党称弟"至"言必信，行必果"是不同等级，其中最后一类人，孔子称之为"小人"之行，但其"言必信，行必果"，故仍算是一个"士"。可见，在孔子眼里，"信"仅是兑现对他人的承诺，它是人之所以成为人的一种基本道德准则。人决不可无信，若"人而无信"（《为政》），就会像大车没有輗、小车没軏有而无法行驶一样，难以立身处事。

当然，"信"可区分为君子之信与小人之信，两者是不一样的。孔子教人为君子，所传授的"信"当然是君子之信而非小人之信，就像孔子教育自己弟子要当"君子儒"不要当"小人儒"一样。孔子把"信"作为人的最基本的行为准则，更是一个注重修养、希望自己成为君子者必须具备的道德准则。他说："十室之邑，必有忠信如丘者焉，不如丘之好学也。"（《公冶长》）其含义即包含如下意思：具有忠信品质的人是很多的，而具有忠信品质者不一定都是君子。孔子以培养君子为毕生从事教育的目的，他的弟子曾子说："子以四教：文、行、忠、信。"（《述而》）这里的"教"是抽象含义上的教育，而非具体的教学内容，因为孔子具体教学内容是"六艺"，也就是说，他在六艺的教学中贯穿"文、行、忠、信"，让学生在学习六艺过程中，掌握古代文献知识，履践自己的道德行为，了解从政须尽忠、交友应守信，以期学生成为君子而非小人。由此可见，孔子所教的"忠、信"是君子的忠信，与常人乃至小人的忠、信不同。同时也可以看出，孔子将忠、信看成是后天经过教育才能获得的道德品质与行为准则。

孔子强调："君子义以为质，礼以行之，孙以出之，信以成之。君子哉！"（《卫灵公》）显然，君子之"信"在孔子眼里是占有较为重要的地位的。那么，如何做到君子之"信"？孔子认为君子之"信"必须建筑在仁义的基础上，否则就难以做到。《论语》中的以下两段话可以为证：

> 子曰："弟子，入则孝，出则悌，谨而信，泛爱众，而亲仁。行有余力，则以学文。"
> （《学而》）

> 子张问崇德辨惑。子曰："主忠信，徙义，崇德也。爱之欲其生，恶之欲其死。既欲其生，又欲其死，是惑也。"（《颜渊》）

前一段话是孔子对培养后生仁德的看法：孝顺父母、亲爱兄弟、谨慎而有信用、热爱众人、亲近有仁德者，做到这些后有余力再去学习文献。其中提到的"信"，是指对他人要诚实守信、兑现承诺以示不欺。显然，孔子认为只有将孝、悌、谨、信、爱众、亲仁、学文紧密联系在一起的，才能培养出后生的仁德。后一段话中，孔子以忠诚信实及遵从"义"的规范来解释"崇德"；后面则用一对矛盾来解释"辨惑"：即爱与长寿和恨与短命是一对矛盾，不可在爱时希望其长寿、在恨时希望其短命，因为，按君子的标准来衡量，就是不守"信"。显然，"辨惑"是从人的思想行为来考察他内心"仁德"，反映出君子之信与仁义的紧密关系，即无"仁义"就谈不上君子之"信"，反之，君子讲"信"就必须遵循"仁义"。因此，孔子曾说治理大国必须"敬事而信，节用而爱人，使民以时"（《学而》）。"敬事"指严肃认真的施政态度，它包含着对国君的"忠"与对政事的勤勉，在这种态度下处理政务，还要讲信用、节俭而且爱民众，使民以时。这里再举一例：

子贡问政。子曰:"足食、足兵、民信之矣。"

子贡曰:"必不得已而去,于斯三者何先?"曰:"去兵。"

子贡曰:"必不得已而去,于斯二者何先?"曰:"去食。自古皆有死,民无信不立。"(《颜渊》)

显然,三者之中,孔子最重视"民信"。朱熹将"民信"释为"民信于我",是正确的。在《尧曰》中便有"宽则得众,信则民任焉"的话。这里的"民任"即受到民众的拥护。但是必须强调,"民信于我"的前提是"取信于民"!否则怎么会出现"民信于我"呢?要使百姓相信他,当然需要自己取信于百姓。显然,这里讨论的是统治者与百姓的互信关系。实际上,我们还可从孔子说自己为政志向时的一段话来印证。他说如果自己"为政",便要使"老者安之,朋友信之,少者怀之"(《公冶长》),显然也强调了对他人之"信",这可以作为上述一段话的注脚。在子张问仁时,孔子说:"能行五者于天下为仁矣。"孔子所说的"五者"是指"恭、宽、信、敏、惠",因为"恭则不侮,宽则得众,信则人任,敏则有功,惠则足以使人"(《阳货》),"为仁"之五者包括着"信",可见孔子对君子之"信"的重视。能行五者于天下者是仁人,也就是君子。相反,孔子对"狂而不直,侗而不愿,悾悾而不信"(《泰伯》)之人是不屑一顾的。孔子的弟子有子曾说"信近于义,言可复也"(《学而》),指出"信"类似于"义",是指一种可兑现的承诺。虽然孔子没有说过这样的话,但确实也强调了信与仁义之间的关系,应该说,有子之说还是大致符合孔子之意的。

当然,孔子认为君子应该讲大信用,不可拘泥于一时一地的诺言而丧失君子最重要的素质——仁义。他说"君子贞而不谅"(《卫灵公》),所谓"贞"就是大信用,"谅"则是小节。因此,他在评价管仲时,也是着眼于管仲能九合诸侯,而不以管仲弃旧主而事新主为不仁义、不守信。显然,孔子虽然对"信"十分重视,但具体做法上仍允许有变通余地,决不像"仁义"那样不可变通。孔子的弟子子夏对此作了发挥:"大德不逾闲,小德出入可也。"(《子张》)这种观点应该说基本承袭了孔子的原意。

孔子还指出,作为一种道德观念,"信"是侧重自己对他人应守的信誉、信用,然而他又说:"不逆诈,不亿不信,抑亦先觉者,是贤乎!"(《宪问》)即不要去预先怀疑他人,不猜测别人是否讲信用,但必须及时发现他人不守"信",这样的人是贤者。这里可以看出孔子对君子之"信"的态度。

3. 忠 与 恕

子曰:"爱之①,能勿劳②乎?忠焉,能勿诲③乎?"

——《宪问》

---

① 之:指官员。
② 劳:功劳、功绩。
③ 诲:忠告。

子张问行。子曰:"言忠信,行笃①敬,虽蛮貊之邦②,行

矣。言不忠信, 行不笃敬, 虽州里, 行乎哉? 立则见其参于前
也, 在舆③则见其倚于衡④也, 夫然后行。" 子张书诸绅⑤。

——《卫灵公》

① 笃: 忠厚。
② 蛮貊之邦: 指周边落后的异族国家。
③ 舆: 乘舆、马车。
④ 衡: 车前部的横木。
⑤ 绅: 一种系在腰上的丝织带子。

季康子问: "使民敬、忠以劝①, 如之何? " 子曰: "临之以
庄, 则敬; 孝慈, 则忠; 举善而教不能, 则劝。"

——《为政》

① 劝: 劝勉。

子曰: "参①乎! 吾道一以贯之。" 曾子曰: "唯。"
子出, 门人问曰: "何谓也? " 曾子曰: "夫子之道, 忠恕②
而已矣。"

——《里仁》

① 参: 孔子弟子曾参。
② 忠恕: 按照一般说法, 忠是积极的方面, 是 "己欲立而立人, 己欲达而达
　 人"; 而恕是消极方面, 是 "己所不欲, 勿施于人"。

子曰: "赐也, 女以予为多学而识之者与? " 对曰: "然, 非
与? " 曰: "非也, 予一以贯之。"

——《卫灵公》

　　子张问曰:"令尹①子文②三③仕为令尹, 无喜色; 三已④之, 无愠色。旧令尹之政, 必以告新令尹。何如?"子曰:"忠矣。"曰:"仁矣乎?"曰:"未知; 焉得仁?"

　　"崔子⑤弑⑥齐君, 陈文子⑦有马十乘, 弃而违⑧之。至于他邦, 则曰:'犹吾大夫崔子也。'违之。之一邦, 则又曰,'犹吾大夫崔子也。'违之。何如?"子曰:"清⑨矣。"曰:"仁矣乎?"曰:"未知; 焉得仁?"

——《公冶长》

---

① 令尹: 楚国相一级的官员称令尹。
② 子文: 即鬭穀。
③ 三: 多次。
④ 已: 罢免。
⑤ 崔子: 齐国大夫崔杼, 杀齐庄公。
⑥ 弑: 古代称臣杀君为弑。
⑦ 陈文子: 齐国大夫须无。
⑧ 违: 离开。
⑨ 清: 清白。

　　《论语》中"忠"共18见, 指臣下、国民对国君、执政者的"忠贞"、"忠诚"行为。孔子在讲"信"的时候, 经常将它与"忠"联系在一起。如"主忠信, 毋友不如己者, 过则勿惮改"(《子罕》), 上述引证过的"十室之邑, 必有忠信如丘者焉, 不如丘之好学也"也是一例。类似之语还有不少, 如"主忠信, 徙义, 崇德也"(《颜渊》),"言忠信, 行笃敬, 虽蛮貊之邦, 行矣。言不忠信, 行不笃敬, 虽州里, 行乎哉"(《卫灵公》)等等。

　　忠虽是指下对上的一种忠贞、忠诚行为, 但它决不是一种单向行为。鲁定公问"君使臣, 臣事君", 孔子回答:"君使臣以礼,臣事君以忠。"(《八佾》)国君依国家的礼制来使臣,臣下才会向国君表示忠诚,显然"忠"是基于君臣两者双向关系之上的。季康子问如何使民严肃敬畏、尽心竭力来互相劝勉时,孔子说:"临之以庄,则敬;孝慈,则忠;举善而教不能,则劝。"(《为政》)临是指对待,庄是指严肃认真,孝慈是指对父母孝顺及父母对子女慈爱,举善是指提拔善人、正直之人,不能就是能力差的人,显然,孔子是从执政者对待百姓严肃认真、对自己父母子女孝慈、提拔善人来启发季康子,以显示"忠"是双向的行为准则,单方面要求下属忠是不能接受的。这句话与鲁定公问"君使臣"中孔子的回答是一个意思。因此,孔子强调统治者要"为政以德"(《为政》),以礼使臣,如此才能使臣下、百姓像众星拥戴北斗一样拥戴他。

《论语》中有一段话值得辨析:"爱之,能勿劳乎?忠焉,能勿诲乎?"(《宪问》)杨伯峻先生认为所爱者是"民",如此下半句就讲不通。笔者认为所爱与所忠的对象是国君(或执政者)。"劳"的含义是功绩,与《诗·大雅·民劳》"无弃尔劳"的"劳"是同一意思;"诲"字原意是教诲,引申为忠告。因此全句含义十分清楚,是从臣下对国君(执政者)的态度立论的:爱戴国君,能不让他立有功绩吗?忠于他,能不给他忠告吗?

有些学者认为:所谓"恕"是指"己所不欲,勿施于人",而"忠"则是"恕"的积极一面,即"己欲立而立人,己欲达而达人"(《论语译注》第39页),持相同观点的学者也不少。其实在《论语》中并无这种说法。恕字在《论语》中一共2见，是宽容之意。而"己欲立而立人"一语出于《雍也》，其中，孔子明确指出"己欲立而立人，己欲达而达人"是仁者的行为，根本没有"忠"的意思，显然，将"忠"解释成"己欲立而立人，己欲达而达人"是不准确的。另一处是"曾子曰：'夫子之道，忠恕而已矣。'"（《里仁》）这个恕字也应该解释为宽容。

其实，忠与仁是两个不同层次上的道德概念，仁侧重于人的素质，忠侧重于人的行为，但是忠并不是仁；君子既仁又忠，但忠者并不一定是君子。《颜渊》说：

> 子张问曰："令尹子文三仕为令尹，无喜色；三已之，无愠色。旧令尹之政，必告新令尹。何如？"子曰："忠矣。"曰："仁矣乎？"子曰："未知；焉得仁？"《公冶长》）

显然，孔子评价令尹子文三上三下、仍将原来的政事告诉新令尹的行为称为"忠"——对罢免他的国君仍然显示忠诚，但并不认为"忠"属于"仁"德。可见，在孔子眼里，忠与仁决不是在同一层次上的两种道德概念。孔子认为，忠是指行为，可以显示出具有仁义的内容，也可以不显示仁义的内容，因而它与"仁"、"义"不是同一层次的道德，两者不可混淆。在子张问政时，孔子回答"居之无倦，行之以忠"（《颜渊》），显然只是指对国君、执政者忠诚的行为，是基于上下级之间的关系（如君与臣、执政与属官）来说的。

虽然"忠"是种政治行为，但它可以衡量人的道德水准，君子必须具备"忠"，因为它可体现出"仁德"。樊迟问君子从政时如何体现自己的仁德，孔子答道："居处恭，执事敬，与人忠。"(《子路》)即从君子"所居"、"执事"及对执政者(或国君等)的关系上用自己的言行来体现仁德。孔子说的"君子有九思"也包括"言思忠"(《季氏》)。自然，君上对下属的使役应该符合"礼"，否则下属对君上的"忠"就无从谈起。从孔子一生周游列国，并非对某一国君或执政者表示"忠"的态度中可以充分得出这一结论。曾子说："吾日三省吾身，为人谋而不忠乎？与朋友交而不信乎？传不习乎？"(《学而》)"与人谋"要忠，"人"是指执政者而非一般朋友，因为后面说到与朋友交则是信。曾子的话是忠于孔子思想的。

由此我们可以得出结论，孔子的"忠"从政治上说是指对国君或执政者的一种忠贞、忠诚，从伦理上说它又体现君子所具有的道德品质；"忠"并非是愚忠，而是基于上下级之间的双向关系之上的，这与儒家后学所说的"忠"确实存在很大差别。

值得补充的是，有学者认为孔子首先"把伦理原则'忠'用于政治上"(《中国儒学》第四卷第305页)，笔者认为这是不对的。实际上，在先秦著作中有大量早于孔子的对"忠"的政治属性的论述。如《左传·桓公六年》："所谓道，忠于民而信于神也。上思利民，忠也；祝史正辞，信也。"虽说这不是讲臣下对君上之"忠"，但这一"忠"字仍有政治含义。《左传·闵公二年》载羊舌大夫所说"违命不孝，弃事不忠。虽知其寒，恶不可取。子其死之"一语，这"弃事不忠"显然是政治观念。《左传·僖公九年》有一段对话："献公使荀息傅奚齐。公疾，召之曰：'以是藐诸孤辱在大夫，其若之何？'稽首而对曰：'臣竭其股肱之力，加之以忠贞。其济，君之灵也；不济，则以死继之。'公曰：'何谓忠、贞？'对曰：'公家之利，知无不为，忠也；送往事居，耦俱无猜，贞也。'"这不是十分清楚的政治观念吗？

4. 孝 与 弟

孟懿子①问孝。子曰："无违。"

樊迟御，子告之曰："孟孙问孝于我，我对曰：无违。"樊迟曰："何谓也？"子曰："生，事之以礼；死，葬之以礼，祭之以礼。"

——《为政》

---

① 孟懿子：鲁国大夫，姓仲孙，名何忌，曾向孔子学礼。

孟武伯①问孝。子曰："父母唯其疾之忧。"

——《为政》

---

① 孟武伯：孟懿子的儿子，仲孙彘。

子游问孝。子曰："今之孝者，是谓能养。至于犬马，皆能有养；不敬，何以别乎？"

——《为政》

子夏问孝。子曰："色难①。有事，弟子服其劳；有酒食，先生馔②,曾是以为孝乎?"

——《为政》

① 色难:指儿子服侍父母一直和颜悦色很难。
② 馔:吃、食用。

或谓孔子曰:"子奚不为政?"子曰:"《书》云:'孝乎惟孝,友于兄弟,施于有政。'①是亦为政,奚其为②为政?"

——《为政》

① 此三句是《尚书》逸文,现采入《君陈》。施,影响。
② 为:后省"之"字。为之,担任官职、当官。

子曰:"父母之年,不可不知也。一则以喜,一则以惧。"

——《里仁》

子曰:"父母在,不远游,游必有方①。"

——《里仁》

① 方:地方、去处。有方,指有选择。

子曰:"三年无改于父之道,可谓孝矣。"

——《里仁》

子曰:"父在,观其志;父没,观其行;三年无改于父之道,可谓孝矣。"

——《学而》

宰我①问："三年之丧，期②已久矣。君子三年不为礼，礼必坏；三年不为乐，乐必崩。旧谷③既没，新谷既升，钻燧④改火⑤，期⑥可已矣。"

子曰："食夫稻，衣夫锦，于女安乎？"

曰："安。"

"女安，则为之！夫君子之居丧，食旨不甘，闻乐不乐，居处不安，故不为也。今女安，则为之！"

宰我出。子曰："予⑦之不仁也！子生三年，然后免于父母之怀。夫三年之丧，天下之通丧也，予也有三年之爱于其父母乎！"

——《阳货》

① 宰我：孔子弟子，名予，字子我。郑玄称其鲁人。
② 期：为期。
③ 旧谷：陈谷。
④ 钻燧：古代取火工具。钻是用于取火的钻木；燧是金属火镜，可利用太阳光取火。
⑤ 改火：古代取火根据不同季节采用不同方法。如钻木取火，则春取榆柳、夏取枣杏、秋取桑柘、冬取柞楢。而燧则需要不同季节的日照才可取火。
⑥ 期：一年。
⑦ 予：宰予，即宰我。

曾子曰："吾闻诸夫子：人未有自①致②者也，必也亲丧乎！"

——《子张》

① 自：自动。
② 致：获得、流露。根据句意，指从亲人之丧中流露出来的悲伤感情。

有子曰："其为人也孝弟，而好犯上者，鲜矣；不好犯上，

而好作乱者，未之有也。君子务本，本立而道生。孝弟也者，其
为仁之本与！"

——《学而》

　　孝、弟（悌）作为一种道德行为的范畴，在孔子
思想中占有比较重要的地位。在《论语》中孝字使用
过19次，弟字使用过18次，其中含有"道德观念"的弟
（即悌）4次，悌1次。在《论语》中，孝与弟经常一起
使用。

　　什么是孝？孔子有过明确解释：

　　　　孟懿子问孝。子曰："无违。"

　　　　樊迟御，子告之曰："孟孙问孝于我，
　　　我对曰，无违。"樊迟曰："何谓也？"子曰：
　　　"生，事之以礼；死，葬之以礼，祭之以礼。"
　　　（《为政》）

从字面理解，孔子把"孝"解释成小辈对长辈的"无
违"礼仪的行为，具体说来就是在他们活着的时候
"事之以礼"，在他们死后则"葬之以礼，祭之以礼"。
值得注意的是，孔子在解释中紧紧扣住"礼"字，认为
孝是依礼而行的，即礼对"孝"有规定性。其实，孔子
对孟懿子所阐释的"孝"是另有深意的。据《左传》
记载，鲁国三大夫之一孟僖子（仲孙貜）嘱咐其子孟
懿子（仲孙何忌）向孔子学礼。我们知道，在孔子生
活的时代，鲁国三大夫势力甚大，违"礼"而行，孔子
是十分痛恨的。因此，孔子对孟懿子之语，表面上说
要他对父母之孝遵礼而行，实际是规劝他对待国君要
"忠"，应该依礼而行。这并非笔者猜测之辞，因为孔
子说过"孝慈，则忠"（《为政》），回答别人问为何不

参与政治时,孔子以《尚书》"孝乎惟孝,友于兄弟,施于有政"(《为政》)作答,强调孝顺父母、友爱兄弟与施政的关系,可以明了孔子为何要对孟懿子说这番话了。

如果我们了解"孝"与"礼"之间存在的这种密不可分的关系,那么孔子回答子游问孝就更能理解了。孔子说:"今之孝者,是谓能养。至于犬马,皆能有养;不敬,何以别乎?"(《为政》)孔子强调"孝"不但指在物质上赡养父母长辈,而且要依礼而"敬",即给予父母在精神上的满足。因为不依礼敬重长辈,仅在物质上满足他们,就与犬马无别,失去了人的属性。而人与犬马相区别正在于人的社会属性!孔子的阐释"孝"确实极为深刻,我们不能不为二千五百多年前的思想家的精彩阐释喝彩!此再举一段话来印证:

> 子夏问孝。子曰:"色难;有事,弟子
> 服其劳;有酒食,先生馔,曾是以为孝乎?"
> (《为政》)

可见,为人之子,服事父母做到和颜悦色而不辞辛苦、为父母效力、有美酒佳食让长辈尝,还不能算作"孝",因为更重要的是依"礼"而"敬",即"生,事之以礼;死,葬之以礼,祭之以礼",才是真正的"孝"。自然,孔子并不反对照顾父母长辈的起居生活,因为只要依礼施行,也是"孝"的内容之一。孟武伯问孝,孔子回答"父母唯其疾之忧"(《为政》),就是从起居生活的角度立论的;孔子所说"父母之年,不可不知也。一则以喜,一则以惧"(《里仁》),"父母在,不远游,游必有方"(《里仁》),小辈为长辈高寿既高兴又恐惧,尽可能不离开父母而尽心加以照顾，也是从起居生活角度立论的。悌则是兄弟之间的敬爱关系。这种"孝""悌"之道，一直传承下来，成为中华民族宝贵的精神财富。

孔子认为孝悌应该从小培养："弟子，入则孝，出则悌，谨而信，泛爱众，而亲仁。"（《学而》）从小培养后生小子的孝悌，使其形成习惯，再注意谨慎守信、爱众亲仁，使他成为真正的君子。孔子以为，孝悌的培养与从政是相关的：

或谓孔子曰："子奚不为政？"子曰：

"《书》云：'孝乎惟孝，友于兄弟，施于有

政。'是亦为政，奚其为为政？"（《为政》）

"为政"指参与国政，孔子引《书》中孝敬父母与友悌兄弟是家政，显然，孔子将孝悌之家政与国政联系起来，认为能治家政则进而能治国政。家、国一体，正是孔子思想的显著特色，也为后世儒家学者所继承。正由于此，季康子问政，孔子回答："临之以庄，则敬；孝慈，则忠；举善而教不能，则劝。"（《为政》）其中"孝慈"是指季康子对父母子女要孝顺、慈爱，这充分显示出孔子将个人道德修养与家政、国政联系起来讨论的特色。在孔子看来，君君臣臣、父父子子作为人伦准则是不可变易的，因此他曾说："父在，观其志；父没，观其行；三年无改于父之道，可谓孝矣。"（《学而》）在子张问《尚书》"高宗谅阴，三年不言"时，孔子强调道："何必高宗，古之人皆然。君薨，百官总己以听于冢宰三年。"（《宪问》）"谅阴"即守孝，孔子认为这是"礼"所要求，是君子怀"仁"的表现，绝对不可变易。下面再举一段典型对话：

宰我问："三年之丧，期已久矣。君子三

年不为礼，礼必坏；三年不为乐，乐必崩。旧
谷既没，新谷既升，钻燧改火，期可已矣。"

子曰："食夫稻，衣夫锦，于女安乎？"

曰："安。"

"女安，则为之！夫君子之居丧，食旨
不甘，闻乐不乐，居处不安，故不为也。今女
安，则为之！"

宰我出。子曰："予之不仁也！子生三
年，然后免于父母之怀。夫三年之丧，天下
之通丧也，予也有三年之爱于其父母乎！"

（《阳货》）

宰予认为守丧三年太长，因为"君子三年不为礼"，
必礼崩乐坏，因此认为守丧一年就可以了。孔子批评
宰予"不仁"，是因为小孩至少要父母照料三年才能
脱离父母怀抱，因此子女守丧也至少应该三年，这是
天下丧礼的一致要求，不守三年之丧便是不仁。孔子
的含义是清楚的：守丧是"孝"的表现，必须"三年无
改于父之道"才可称之为"孝"，这是符合礼的规范
的，它能反映出个人所具有的"仁德"。《子张》记载：
"曾子曰：'吾闻诸夫子：孟庄子之孝也，其他可能
也；其不改父之臣与父之政，是难能也。'"这里指出
孟庄子之"孝"包含内容甚广，孔子以为其中大部分能
够做到，但保留父之臣属与父之政治措施是不容易
做到的。这段话清楚地体现出上述"父在，观其志；
父没，观其行；三年无改于父之道，可谓孝矣"的真实
含义。不过，在子贡问士时，孔子将"宗族称孝焉，乡
党称弟焉"作为士的第二等人，显然，孔子虽然重视
孝悌，但毕竟还没有将它作为最高层次的道德水准。

孔子的弟子有子则发展了孔子的孝悌思想,他说:

> 其为人也孝弟,而好犯上者,鲜矣;不好犯上,而好作乱者,未之有也。君子务本,本立而道生。孝弟也者,其为仁之本与!(《学而》)

有子强调君子应该"务本",此"本"就是"孝弟"。有子想说明的是,对长辈与平辈都怀孝顺与敬重的态度,就不会产生犯上作乱的事,这就是所谓的君子之"本"。应该说明的是,孔子没有说过孝悌是"仁之本"的话,但他说过"弟子,入则孝,出则悌,谨而信,泛爱众,而亲仁",包含从孝悌入手培养仁德的意思,况且孔子一直强调"君臣父子",将家国联为一体,因此孝弟与忠是分不开的,显然有子的思路基本上是沿着孔子思想的,但与孔子原意确有所不同,而《孝经》进一步将"孝"看作人伦关系中最为重要者,这就离孔子思想原意更远了。

5. 敬 与 恭

子曰:"居上不宽①,为礼不敬,临丧不哀,吾何以②观之哉?"

——《八佾》

① 宽:宽宏大量。
② 何以:怎么能。

子曰:"事父母几①谏,见志不从,又敬不违②,劳③而不怨。"

——《里仁》

---

① 几：婉转。
② 违：违背、违反、触犯。
③ 劳：忧愁、忧虑。

子张曰："士见危致①命，见得思义，祭思敬，丧思哀，其可已矣。"

——《子张》

---

① 致：致力、舍却、豁出。

司马牛①忧曰："人皆有兄弟，我独亡②。"子夏曰："商闻之矣：死生有命，富贵在天。君子敬而无失，与人恭而有礼。四海之内皆兄弟也——君子何患乎无兄弟也？"

——《颜渊》

---

① 司马牛：孔子弟子司马耕，字子牛，《孔子家语》与孔安国均称其为宋人。
② 亡：无。

子路问君子。子曰："修己以敬。"

曰："如斯①而已乎？"曰："修己以安人。"

曰："如斯而已乎？"曰："修己以安百姓。修己以安百姓，尧舜其犹病诸？"

——《宪问》

---

① 斯：这样。

子禽①问于子贡曰："夫子至于是邦也，必闻其政，求之与？抑与②之与？"子贡曰："夫子温、良、恭、俭、让以得之。夫子之求之也，其诸异乎人之求之与？"

——《学而》

① 子禽：陈亢字子禽，事迹不详。
② 与：给。指别人主动讲给孔子听。

孔子曰："君子有九思：视思明，听思聪①，色思温②，貌思恭，言思忠，事思敬，疑思问，忿思难③，见得思义。"

——《季氏》

① 聪：清楚、明白。
② 温：温和。
③ 难：后患、后果。

子曰："巧言①、令色②、足恭③，左丘明耻之，丘亦耻之。匿怨④而友其人，左丘明耻之，丘亦耻之。"

——《公冶长》

① 巧言：花言巧语。
② 令色：伪善面貌。
③ 足恭：十足恭顺。
④ 匿怨：心中埋着怨恨。

子曰："巧言令色，鲜矣仁。"

——《阳货》

有子曰："信近于义，言可复①也。恭近于礼，远耻辱也。

因^②不失^③其亲^④，亦可宗^⑤也。"

——《学而》

① 复：兑现。
② 因：依靠。
③ 失：离开。
④ 亲：亲近。
⑤ 宗：原义尊崇，此作效法。

"敬"在《论语》中共出现21次，其中18次是指严肃认真的态度，表示个人在与他人交往过程中向对方表示尊重或谦逊的态度。因此，在孔子那里，"敬"是一种行事处世的方法，而宋代理学家则将它演化为道德修养的方法，这是首先要区分开的事。

《学而》中记载孔子说治理千乘之国应该"敬事而信，节用而爱人，使民以时"，"敬事而信"就是指以严肃认真的态度来对待具体事务。前面引证过的季康子问"使民敬、忠以劝"，敬字也作相同解释。

当然，作为极力希望建立理想主义社会的孔子，在许多场合把"敬"与"礼"结合起来讨论，如说："居上不宽，为礼不敬，临丧不哀，吾何以观之哉？"（《八佾》）"为礼不敬"便是将"敬"与"礼"结合起来讨论的最为典型的例证，强调施行"礼仪"必须"敬"，违反它是不可接受的。

孔子强调依礼而敬，涉及到家庭伦理关系。他以为在家侍奉父母也应该"敬"。子游问孝于孔子，孔子回答说："今之孝者，是谓能养。至于犬马，皆能有养；不敬，何以别乎？"（《为政》）孔子不能同意当时所谓的"孝"，因为它仅是指赡养父母而已。在孔子看来，如果不以严肃认真的态度来赡养父母，那么赡养父母与饲养犬马怎么能区别开呢？显然，孔子极力区分出赡养父母与饲养犬马的差异就在于"敬"，实际上指出人的社会属性。人的这种社会属性，正是由"礼"（社会规范）决定的。《里仁》中也表现出相同的含义："事父母几谏，见志不从，又敬不违，劳而不怨。"（《里仁》）这种侍奉父母的"敬与不违"，正体现出"礼"的社会规范性，体现出人的社会属性。《子张》中载子张之语："士见危致命，见得思义，祭思敬，丧思哀，其可已矣。""祭思敬"是比较忠实于孔子思想的。

孔子相当看重"敬"，强调"君子敬而无失"（《颜渊》），因为它是君子是否具有"仁德"的检验标准，也是衡量君子处世行事的准则。《子路》中孔子回答樊迟问仁，说："居处恭，执事敬，与人忠。虽之夷狄，不可弃也。"恭、敬、忠都能反映出"仁德"，即使到了夷狄之邦，也是绝对不可抛弃的。孔子把"事思敬"作为君子"九思"（《季氏》）之一，就是因为"敬"本身反映出"仁德"。他称子产"有君子之道"四个方面，其中一个方面就是"事上也敬"。这些都说明孔子对"敬"的认识。

孔子还曾从两个方面评述君子之行，一是"修己以敬"（《宪问》），完全从个人修养角度来讨论君子的处世行事，二是"修己以安人"（《宪问》），即君子修养后还能做到安天下百姓，而后者是连圣人都很难达到的。可见孔子对"敬"与君子修养关系的见解。

与敬类似者是恭。恭在《论语》中出现13次，都是指人的行为表现，一是指人的端庄严肃，一是指对他人谦顺。前者是指人在容貌上的表现，后者则是指行为中的表现了。

子贡曾评价其师孔子"温、良、恭、俭、让"（《学而》），即认为孔子为人温和、善良、严肃、节俭、谦让，实际上，孔子所表现的"温、良、恭、俭、让"，正是他在礼的规范之下的表现，即在行为上表现出的一种仪态。《述而》中也称孔子"温而厉，威而不猛，恭而安"，即孔子温和又严厉，有威仪却不苛猛，端庄严肃又安详，两者记载是一致的。

孔子往往把恭作为一种人的重要行为来加以论述，而且将恭作为君子修养的重要方面，他认为君子平时行事处世应该有"九思"，即在九个方面着重进行修养："视思明，听思聪，色思温，貌思恭，言思忠，事思敬，疑思问，忿思难，见得思义。"（《季氏》）如此才能使自己行为符合礼的规范。他还认为"能行五者于天下为仁"，这五者便是"恭、宽、信、敏、惠"，因为"恭则不侮，宽则得众，信则人任焉，敏则有功，惠则足以使人"（《阳货》）。甚至提出"居处恭，执事敬，与人忠"（《子路》），即使到夷狄之邦也不可抛弃。显然，孔子对"恭"是十分重视的。

孔子曾明确说子产在四个方面表现出"有君子之道"，即"其行己也恭，其事上也敬，其养民也惠，其使民也义"（《公冶长》）。显然，孔子认为恭、敬、惠、义都是君子行事处世的准则，其中恭是指子产行事处世态度严肃端庄。

在孔子看来，"恭"应该发自内心，而不是表面做作，他说："巧言、令色、足恭，左丘明耻之，丘亦耻之。"(《公冶长》)即花言巧语、伪善、极端谦顺这些行为，左丘明以此为耻，我也以为耻。因为极端谦顺并不符合礼的规范，并不具备"仁"，孔子说"巧言令色，鲜矣仁"(《阳货》)便是明证。在孔子看来，作为君子来说，应该"与人恭而有礼"(《颜渊》)，"恭而有礼"就是符合"礼"规范的谦顺，而非极端谦顺的那种伪善面貌。孔子以为"恭而无礼则劳"(《泰伯》)，意思是虽然容貌态度端庄谦顺，但不符合礼的规范，则会劳而无功。由此，孔子弟子有子曾说"恭近于礼，远耻辱也"(《学而》)，指行事处世中采纳符合"礼"规范的"恭"，就能远离耻辱，应该说大致是符合孔子原意的。

可见，"恭"应该是一种约束自己行为的表现，与"约"类似，只不过"恭"比较具体，往往表现在容貌行为上，而"约"则比较宽泛，一般不实指。如《里仁》中"以约失之者鲜矣"，意思是指以约束自己而犯错误者是很少的，这里的"约"是比较宽泛的，并未实指。《雍也》中孔子说"君子博学于文，约之以礼"，《子罕》中颜渊称孔子"循循然善诱人，博我以文，约我以礼"，都是一种未实指具体行为的自我约束。另外，孔子还说："躬自厚而薄责于人，则远怨矣。"(《卫灵公》)意思是多责备自己少责备他人，就会远离怨恨，其实也是指约束自己的行为，可与"约"参看。

6. 孙 与 让

原壤^①夷^②俟^③。子曰："幼而不孙弟，长而无述^④焉，老而不死，是为贼^⑤。"以杖叩其胫^⑥。

——《宪问》

① 原壤：孔子之友。
② 夷：箕踞，叉开两腿坐着。
③ 俟：等候、等待。
④ 述：记述，此指原壤没有著述流传。
⑤ 贼：危害社会者的统称。《论语译注》译为害人精，可。
⑥ 胫：小腿。

子曰："唯女子与小人为难养也，近^①之则不孙，远之则怨。"

——《阳货》

① 近：亲近。

子曰："奢则不孙，俭则固^①。与其不孙也，宁固。"

——《述而》

① 固：寒酸、寒伧。

子曰："邦有道^①，危^②言危行；邦无道，危行言孙^③。"

——《宪问》

① 有道：指政治上清明。
② 危：原义端正，此可译作正直。
③ 孙：同逊，谦逊、谦顺。

子曰:"泰伯①,其可谓至德也已矣。三以天下让,民无得而称②焉。"

——《泰伯》

---

① 泰伯:即周朝祖先古公亶父的长子太伯。传说他与二弟仲雍为让位于幼弟季历,一起出走勾吴。
② 称:称赞、称述。

子曰:"能以礼让为国乎?何有①?不能以礼让为国,如礼何?"

——《里仁》

---

① 何有:即有何,有什么(困难)呢。

子曰:"君子矜①而不争,群而不党。"

——《卫灵公》

---

① 矜:矜庄、矜严。

子曰:"君子无所争。必也射乎①!揖让而升,下而饮。其争也君子。"

——《八佾》

---

① 射:射箭。

子路、曾皙①、冉有、公西华②侍坐。

子曰:"以吾一日长乎尔,毋吾以③也。居则曰:'不吾知④也!'如或知尔,则何以⑤哉?"

子路率尔⑥而对曰："千乘之国，摄乎大国之间，加之以师旅，因之以饥馑；由也为之，比及⑦三年，可使有勇，且知方⑧也。"

夫子哂⑨之。"求！尔何如？"

对曰："方六七十，如五六十，求也为之，比及三年，可使足民。如其礼乐，以俟⑩君子。"

"赤！尔何如？"

对曰："非曰能之，愿学焉。宗庙之事，如会同⑪，端章甫⑫，愿为小相⑬焉。"

"点！尔何如？"

鼓瑟希⑭，铿尔⑮，舍瑟而作，对曰："异乎三子者之撰⑯。"

子曰："何伤⑰乎？亦各言其志也。"

曰："莫⑱春者，春服既成，冠者五六人，童子六七人，浴乎沂⑲，风⑳乎舞雩㉑，咏而归。"

夫子喟然叹曰："吾与点也！"

三子者出，曾皙后。曾皙曰："夫三子者之言何如？"

子曰："亦各言其志也已矣。"

曰："夫子何哂由也？"

曰："为国以礼，其言不让，是故哂之。"

"唯求则非邦也与？"

"安见方六七十如五六十而非邦也者？"

"唯赤则非邦也与？"

"宗庙会同，非诸侯而何？赤也为之小，孰能㉒为之大？"

——《先进》

① 曾皙:孔子弟子曾蒧(一称曾点),字皙(一称字子皙),曾参父亲。
② 公西华:孔子弟子,字子华,鲁人。
③ 毋吾以:即毋以吾,不需要我了。
④ 不吾知:即不知吾,不了解我。
⑤ 何以:怎么办。
⑥ 率尔:轻率、不假思索。
⑦ 比及:等到。
⑧ 方:道理。
⑨ 哂:微笑、嘲笑。两者均可通,然根据下面曾点所问、孔子作答来分析,此作嘲笑似胜。
⑩ 俟:等待、等候。
⑪ 会同:诸侯国之间盟会。
⑫ 端章甫:端为礼服,章甫为礼帽。
⑬ 相:盟会时赞礼人。
⑭ 希:同稀,指乐曲即将结束。
⑮ 铿尔:琴瑟声,指忽然停止的声音。
⑯ 撰:具,事也。
⑰ 伤:妨碍。
⑱ 莫:同暮。
⑲ 沂:沂水。
⑳ 风:吹风。
㉑ 舞雩:舞雩台。
㉒ 孰能:谁能。

表示"谦逊"、"谦让"意思的"孙"即"逊"字,在《论语》中出现了7次。虽然次数很少,但它仍是孔子讨论行为规范的比较重要的范畴。

如前所引《卫灵公》中,孔子把"义"作为君子的一种内在的道德素质,认为还需要依礼来实行它,用谦逊的言语来表达它,以诚实的态度来促成它,这便是君子。显然,作为一种表现君子道德的行为"谦逊",在孔子人格学说中确实有较为重要的地位。因此,孔子曾经明确表示:"奢则不孙,俭则固。与其不孙也,宁固。"(《述而》)意思是,奢华会显得不谦逊,节俭则会显得寒酸。与其不谦逊,宁愿寒酸。可见孔子对"孙"的看法。

孔子对"不孙"的行为是十分憎恨的,他说:"唯女子与小人为难养也,近之则不孙,远之则怨。"(《阳货》)尽管这里把女子与小人相提并论并不妥当,但至少我们可以看出孔子认为小人之"不孙"与"怨"(怨愤)都是不可接受的行为。我们还可举出一个很有意思的记载:《宪问》中说,孔子的老友原壤叉着八字腿坐着,孔子骂他:年幼时不谦逊、不对哥哥敬爱,长大后也没有品行著述,老而不死,真是个害人的东西! 还用拐杖敲打他的小腿。据说,原壤与孔子年龄相仿,他的道德修养观与孔子大不一样,因此孔子批评他,还特意指出原壤年幼不谦逊之事。

与"孙"类似者是"让"。表示行为、语言上的谦让、谦逊含义的"让"在《论语》中出现4次,有推让含义的"让"3次。

孔子对"让"是表示肯定的,认为这是君子的行为。他曾多次提到过泰伯礼让之事,如说:"泰伯,其可谓至德也已矣。三以天下让,民无得而称焉。"(《泰伯》)"至德"就是最高的品德,所谓"无得而称焉",指百姓没有办法用语言来称颂泰伯之德。据史传,泰伯是西周王朝先祖古公亶父的长子,他与其二弟仲雍遵循父愿,一起出走,将所应继承之位让给了幼弟季历。季历儿子是文王姬昌,经过他的努力,使弱小的周部族逐渐强盛起来,为西周王朝的建立奠定了基础。因此,在孔子看来,泰伯与仲雍不为一己之利而争继承权,礼让王位,既是出于"公"心,又做到了"孝"道,这是君子最高之德的表现了。因此,在《里仁》里孔子也说道:"能以礼让为国乎? 何有?不能以礼让为国,如礼何? "笔者以为这里的"礼"与

"让"是两个概念,前者指礼仪制度,后者指谦让的行为。全句的意思是:能够根据礼仪制度、谦让来治理国家吗?治理好国家又有什么困难呢?不能以礼仪制度、谦让来治理国家,那么怎么来对待礼仪制度呢?显然,孔子一方面强调制度方面的礼仪,另一方面强调个人道德行为,强调只有两者结合才能治理好国家。当然,在大是大非的"仁""义"面前,君子也不可"让",孔子说"当仁,不让于师"(《卫灵公》),就明确地表达了这个意思。

"让"的反义词是"争",孔子以为:"君子矜而不争。"(《卫灵公》)"君子无所争。必也射乎!揖让而升,下而饮。其争也君子。"(《八佾》)显然,在孔子看来,君子行为庄矜而无所争,即使要"争",也只是争六艺之一的"射"这项技艺。比赛时,应依礼作揖、谦让之后再登射台,这种"争"是君子之"争"。依礼"揖让"之后再"争"技艺高下,真是一幅谦谦君子的白描呵!由此我们也可了解孔子"让"的真实含义了。实际上,在《先进》"子路、曾皙、冉有、公西华侍坐"章中,孔子对语言不谦逊的子路,仅是一笑了之,曾皙问孔子笑子路的原因,他解释说:"为国以礼,其言不让,是故哂之。"显然,不依礼而行,语言不谦逊,都是孔子所反对的。

孔子一生追求遵循礼制的人生哲学,实践着人格理想,他的学生子贡在回答子禽询问时明确说孔子了解别国政事,是"温、良、恭、俭、让以得之"(《学而》),与他人不同。子贡所说孔子为人温和、善良、严肃、节俭、谦让,实际是孔子一生追求完美人格的写照。

7. 勇、刚 与 果

子曰:"有德者必有言①,有言者不必有德。仁者必有勇,勇者不必有仁。"

——《宪问》

---

① 言:名言。

子曰:"知者不惑,仁者不忧,勇者不惧。"

——《子罕》

子曰:"非其鬼①而祭之,谄②也。见义不为,无勇也。"

——《为政》

---

① 非其鬼:不是自己(应该祭祀)的鬼神。
② 谄:讨好、献媚。

子曰:"道①不行,乘桴浮于海。从我者,其由与?"子路闻之喜。子曰:"由也好勇过我,无所取材②。"

——《公冶长》

---

① 道:先王之道或孔子自己的学说,两者均可通。
② 无所取材:别无所长。

子曰:"恭①而无礼则劳②,慎而无礼则葸③,勇而无礼则乱,直而无礼则绞④。君子笃于亲,则民兴于仁;故旧不遗⑤,则民不偷⑥。"

——《泰伯》

① 恭：容貌端庄。
② 劳：劳倦。
③ 葸(xǐ)：畏惧貌，胆却。
④ 绞：尖刻。
⑤ 遗：遗弃。
⑥ 偷：浇薄、不厚道、冷淡无情。

子曰："好勇疾贫，乱也。人而不仁，疾之已甚，乱也。"

——《泰伯》

子路曰："君子尚①勇乎？"子曰："君子义以为上，君子有勇而无义为乱，小人有勇而无义为盗。"

——《阳货》

① 尚：崇尚。

子曰："刚、毅、木、讷①近仁。"

——《子路》

① 刚毅木讷：刚强、果决、质朴、谨慎。

子曰："吾未见刚者。"或对曰："申枨①。"子曰："枨也欲②，焉得刚？"

——《公冶长》

① 申枨：《史记·仲尼弟子列传》中有申党，字周。郑玄称其为鲁人。
② 欲：贪欲。指欲望太多。

季康子问："仲由可使从政也与？"子曰："由也果①，于从政乎何有？"

曰："赐也可使从政也与？"曰："赐也达②，于从政乎何有？"

曰："求也可使从政也与？"曰："求也艺③，于从政乎何有？"

——《雍也》

① 果：果决、果敢。
② 达：通达、明达。
③ 艺：才艺。

子曰："君子欲讷①于言而敏于行。"

——《里仁》

① 讷：谨慎。

子贡曰："君子亦有恶①乎？"子曰："有恶：恶称人之恶者，恶居下流②而讪③上者，恶勇而无礼者，恶果敢④而窒⑤者。"

曰："赐也亦有恶乎？""恶徼⑥以为知者，恶不孙以为勇者，恶讦⑦以为直者。"

——《阳货》

① 恶：憎恶、讨厌、憎恨。
② 下流：下级官员。
③ 讪：诽谤、讥刺、毁坏（名誉）。
④ 果敢：敢作敢为。
⑤ 窒：原义填塞，可译为执拗、固执。
⑥ 徼（jiāo）：抄袭。

⑦ 讦（jié）：发人隐私。

　　勇、刚、果三者都是人的行为准则。勇在《论语》中16见，它有勇敢、有胆识、见义勇为诸种含义；刚5见，有刚强、强盛之意；果4见，其中有果决、果断之意者3见。三者含义相似，但略有不同。

　　孔子曾说："君子道者三，我无能焉：仁者不忧，知者不惑，勇者不惧。"（《宪问》）孔子的意思是，君子所行三件事而自己没有做到：有仁德者不忧虑，有智慧者不迷惑，有胆识者不惧怕。这当然是孔子自谦之词，因为他说过："躬行君子，则吾未之有得。"（《述而》）自认为还没有达到君子的程度。仁、知、勇三者并称，《子罕》中一段话基本相同，只是顺序略有差异："知者不惑，仁者不忧，勇者不惧。"那么，勇是不是君子必备的素质呢？回答是否定的。因为孔子是将"勇"作为人的一种独立的素质来加以讨论的，它本身不具备"善""恶"，因此就不可能是君子必备的素质。他明确说过："仁者必有勇，勇者不必有仁。"（《宪问》）十分明确地表示"仁"是君子必备素质，"勇"则不是。子路问："君子尚勇乎？"孔子也明确回答："君子义以为上，君子有勇而无义为乱，小人有勇而无义为盗。"（《阳货》）他指出君子以"义"为最为尊贵的素质，即君子以"义"为标准来衡量人物，"勇"则不是衡量标准。因此孔子说"见义不为，无勇也"（《为政》），为与不为，"义"是最主要的判断标准或说是行为施授的前提，见"义"而为者是勇，不为者无勇。

　　在孔子看来，如果君子只依"勇"而不依"义"

来处事，那么必然导致祸乱；而小人依靠勇力并不依"义"来处事，那么一定会成为盗贼。在《阳货》中还有一段子贡问君子有什么憎恨之事，孔子明确回答：背后说人坏话、居下位而诽谤上级官员、仅凭勇敢而不懂礼节、顽固固执等等，都是君子憎恨之事。显然，孔子并没有把"勇"作为君子的行事处世的准则，而是仅作为一种一般意义上的行为准则。

孔子弟子子路十分勇敢，但仁德修养不足，受到孔子多次批评。《论语》中记载这么一件事：孔子曾说自己的政治主张行不通，只好乘木筏浮海外出，能跟随自己的大概只有子路。子路听到后十分高兴，孔子却评判说：仲由（即子路）喜欢表现自己的勇敢超过我，但其他地方就没有什么可取的（《公冶长》）。我们知道，在《论语》中，孔子对子路的评价并不算高，这段话便十分明确地说了子路可取之处仅是勇敢而已，其他则无可嘉誉。显然，孔子对仅有"勇"而别无长处者并不予以肯定。如《公冶长》中还有孟武伯问子路是否具有仁德，孔子明确回答"不知也"，即不认为他已经具有仁德，甚至说只能让子路去负责千乘之国的军赋之类事。孔子所作的评价，实际也着眼于子路有"勇"而已，这可以参见《先进》中"子路、曾晳、冉有、公西华侍"一章，其中子路回答便清楚地表达了他对"勇"的偏好，受到了孔子的嘲讽。

孔子曾告诉子路人之"六蔽"："好仁不好学，其蔽也愚；好知不好学，其蔽也荡；好信不好学，其蔽也贼；好直不好学，其蔽也绞；好勇不好学，其蔽也乱；好刚不好学，其蔽也狂。"（《阳货》）其中"好勇"的弊病就是导致祸乱，这里的"好勇"实际是指一种逞勇妄为之意了。孔子对子路说"六蔽",实际是告诫子路不可逞勇致乱。

正如前述,孔子极其重视人的仁、义这两种素质,强调君子须遵礼而行,而逞勇妄为实际是不遵循礼的一种行为,它的结果必然是导致祸乱。《泰伯》中就明确说过"勇而无礼则乱"。确实,孔子把"好勇"者与不仁者相提并论,进行了十分严厉的批评:"好勇疾贫,乱也。人而不仁,疾之已甚,乱也。"(《泰伯》)显然,在孔子所说的这段话中,"好勇疾贫"与"人而不仁"两者并论,认为这两者都会导致祸乱。

与"勇"相似者是"刚",孔子对"刚"的评价要稍高于"勇"。他说:"刚、毅、木、讷近仁。"(《子路》)含义是那种刚强、果决、朴质、不轻易说话者就接近于具有仁德了。孔子还叹息"吾未见刚者"。有人回答说申枨性格刚强,孔子马上否定地说,申枨欲望太多了,怎么能说他刚强呢?可见,孔子仍是从道德角度出发来评价一个人的行为的,即使你在某事上表现出刚强的行为,只要不符合君子道德准则,仍是应该否定的。孔子所批评的"六弊"中,"好刚不好学"(《阳货》)的弊病是狂妄草率。这里"不好学",是指不穷究"刚"的道理,因此,"好刚"便会出现狂妄草率的问题了。朱熹对此解释便是"六言皆美德,然徒好之而不学以明其理,则各有所蔽"(《论语集注》卷十七),后半句是说到点子上的。

另外,"果"的含义也与"勇"有所类似。如季康子问孔子,子路是否可让他从政,孔子说:"由也果,于从政乎何有?"(《雍也》)子路办事果决,因此孔子认为他从政是没有什么困难的。然而,孔子对"果"并不是完全肯定的。在孔子看来,"言必信,行必果"

之"士"，与"行己有耻，使于四方，不辱君命"（《子路》）之"士"相比，已是次一等，更不用说与君子相比了。可见，孔子是从道德角度来分析士之行为的，因此他明确说君子憎恶四种人，其中便有"果敢而窒者"（《阳货》），即指那种果决但又固执的人。

显然，勇、刚、果三种行为，在孔子眼里都是"中性"的，它们都不是衡量人的道德标准，是人们在行事处世中表现出来的行为而已。人的勇、刚、果行为，要看它们在是否遵循或体现"仁、义、礼"，遵循或体现"仁、义、礼"者则予以肯定，反之则否定。这就是孔子对三者的态度。

8. 直 与 正

子曰："人之生也直，罔①之生也幸而免。"

——《雍也》

---

① 罔：诬罔者，不正直者。

子曰："由也！女闻六言六蔽①矣乎？"对曰："未也。"

"居！吾语女。好仁不好学，其蔽也愚；好知不好学，其蔽也荡②；好信不好学，其蔽也贼③；好直不好学，其蔽也绞；好勇不好学，其蔽也乱；好刚不好学，其蔽也狂④。"

——《阳货》

---

① 六言六蔽：六句话讲六种弊病。
② 荡：放荡，指没有根基。
③ 贼：害。

④ 狂：狂妄。

　　子曰："孰谓微生高①直？或乞醯②焉，乞诸其邻③而与之。"

——《公冶长》

---

① 微生高，一说即《庄子》、《战国策》中的尾生高。其事迹不详。
② 醯：醋。
③ 邻：邻居。

　　孔子曰："益者三友，损者三友。友直，友谅①，友多闻，益矣。友便辟②，友善柔③，友便佞④，损矣。"

——《季氏》

---

① 谅：信。
② 便辟：阿谀奉承者。
③ 善柔：当面恭维者。
④ 便佞：夸夸其谈者。

　　子路问事君。子曰："勿欺①也，而犯②之。"

——《宪问》

---

① 欺：欺骗。
② 犯：直言冒犯、直言顶撞。

　　子曰："吾之于人也，谁毁谁誉？如有所誉者，其有所试①矣。斯民②也，三代之所以直道而行也。"

——《卫灵公》

① 试: 此作考验。
② 斯民: 据后半句, 即三代之民。

　　子曰: "古者民有三疾①, 今也或是之亡也。古之狂也肆②, 今之狂也荡③; 古之矜也廉④, 今之矜也忿戾⑤; 古之愚也直, 今之愚也诈而已矣。"

——《阳货》

① 疾: 病。
② 肆: 恣纵、纵情。
③ 荡: 放荡。
④ 廉: 行为方正且有威严为廉。
⑤ 戾: 暴戾。

　　柳下惠①为士师, 三黜。人曰: "子②未可以去乎?" 曰: "直道而事人, 焉往而不三黜? 枉道而事人, 何必去父母之邦③?"

——《微子》

① 柳下惠: 鲁国贤者展获, 字禽, 又叫展季。
② 子: 您。
③ 父母之邦: 祖国、自己的国家。

　　子曰: "狂而不直, 侗①而不愿②, 悾悾③而不信, 吾不知之矣。"

——《泰伯》

① 侗: 幼稚。
② 愿: 老实。
③ 悾悾: 无能貌。

叶公语孔子曰:"吾党有直躬者^①,其父攘^②羊,而子证之。"孔子曰:"吾党之直者异于是:父为子隐^③,子为父隐。——直在其中矣。"

——《子路》

① 直躬者:坦率正直者。
② 攘:偷。
③ 隐:隐瞒。

或曰:"以德^①报怨,何如?"子曰:"何以报德?以直报怨,以德报德。"

——《宪问》

① 德:恩惠。

子曰:"晋文公谲^①而不正^②,齐桓公正而不谲。"

——《宪问》

① 谲:诡诈、狡猾。
② 正:正派。

子曰:"苟正其身矣,于从政乎何有?不能正其身,如正人何?"

——《子路》

季康子问政于孔子。孔子对曰:"政者,正也。子帅^①以正,孰敢不正?"

——《颜渊》

① 帅：带头。

"直"在《论语》中出现22次，与道德素质相关者13次，含义是"公平正直"或"正直的人"，它是人的一种品质。

在孔子看来，"直"是十分重要的。他曾说："人之生也直，罔之生也幸而免。"（《雍也》）意思是人之所以能生存是在于正直，不正直的人也能生存的原因是侥幸而免于灾祸。当然，正直只是一种在道德素质规范下的行为，它的基础应该在于懂得遵循"礼"的规范，否则就会产生弊病。《泰伯》中便有"直而无礼则绞"的说法，即只是正直而不遵循礼的规范，那么就会显得尖刻。显然，"直"虽是一种正直的行为，但必须遵循"礼"的规范，否则也会出现偏差。孔子所说的"六蔽"中便有"好直不好学，其蔽也绞"（《阳货》）一类。当然，至于那种狂妄而不直率，幼稚而又不老实，无能并且不讲信用，孔子是持批评态度的（《泰伯》）。孔子不认为微生高坦率正直，因为"或乞醯焉，乞诸其邻而与之"（《公冶长》），有人向微生高要一点醋时，微生高竟然向别人要一点来转送给他，孔子认为这不是一种坦率正直的行为。

孔子对"正直"之人是比较赞赏的，他曾说到有益的朋友有三种，有害的朋友也有三种："友直，友谅，友多闻，益矣。友便辟，友善柔，友便佞，损矣。"（《季氏》）意思说，与正直者、有信用者和博学广闻者交友，就有益；与谄谀者、两面三刀者和夸夸其谈者交友，必然有害。

我们知道，孔子极其强调"君臣父子"之间的关系，他认为要处理好这种关系，大臣就必须正直。如子路问如何事君，孔子回答说："勿欺也，而犯之。"（《宪问》）孔子意思是在不欺骗国君的前提下，应该直言批评国君不正确的做法，这就体现出"君子"本色，这就是仕君之道的"正直"。当然，这里也表达了孔子对"君臣"关系的看法。《论语》中记载孔子对政治清明或政局黑暗时都像箭一样"直"的史鱼十分赞赏，说道："直哉史鱼！"（《卫灵公》）史鱼即卫灵公时期的大臣史䲡，他数次直言推荐蘧伯玉未能获准，后又以尸谏方式终使灵公起用蘧伯玉，他一心为公，正直无私，因此孔子大为称道，认为史鱼是个正直坦诚的官员。不过，孔子清楚地明白："直道而事人，焉往而不三黜？"（《微子》）即以正直的态度来事君，多次被贬黜是完全可能的。因此他认为"正直"的行为也须有一定策略，政治清明，应该"危言危行"，即言论与行为都应正直；政治黑暗时，则可以采取"危行言孙"，即行为要正直，言语可显得谦顺一些（《宪问》）。

在对待父子大伦关系上，孔子的观点则与此不同。《子路》中记载叶公对孔子说，自己那里有个十分直率的人，告发了自己父亲偷羊。孔子则明确回答说，自己理解的"直"不同于叶公："父为子隐，子为父隐。——直在其中矣。"显然，孔子突出了父"慈"子"孝"的伦理观念，他们互相包庇，却是一种"直"的表现。自然，这种互相包庇在现在看来是无法接受的，但孔子却以为这是十分正常的，因为依据父子伦理关系必须这样做！

"直"也是处理一般人之间关系的行为准则。如

《宪问》载："或曰：'以德报怨，何如？'子曰：'何以报德？以直报怨，以德报德。'"朱熹《四书章句集注》释"德"为恩惠。孔子的意思是，用正直公平的方法来回答怨恨，以恩惠来酬答恩惠。这里也是强调人与人之间交往的方法。

与"直"相关者有"正"。正在《论语》中出现24次，其中有道德含义"正直"、"端正"者9次，含有"作风正派"意义者2次，它还用作动词，表达"使……正"、"使……端正"的意思。孔子评论说，"晋文公谲而不正，齐桓公正而不谲"（《宪问》），意思是晋文公诡诈而且不正直，齐桓公正直又不诡诈。在孔子看来："其身正，不令而行；其身不正，虽令不从。"（《子路》）显然，统治者自身行为是否正直、端正或说正当，直接影响到他的政令能否在国内推行。

正由于此，孔子强调要"正己"，"正己"就是提高本身的道德修养。他说："苟正其身矣，于从政乎何有？不能正其身，如正人何？"（《子路》）意思是，假如能够使自身行为端正，那么治理国家就不会有什么困难，不能使自身行为端正，是没有办法来使别人行为端正的。因此，季康子问政于孔子，孔子便强调说："政者，正也。子帅以正，孰敢不正？"（《颜渊》）

综上所述，直也罢，正也罢，都是指人的一种表露在外的行为，然而这种外在行为会体现出内在的"仁德"，因此，必须以"礼"为准则，不可违背，否则这种直、正都不值得肯定。因为"直而无礼则绞"，它就走向了反面。

最后还须补充的是，《乡党》一篇，大量记载了孔子行事处世的行为方式，这是值得一读的，对理解孔子人格修养极有价值。

五、理想主义的教育思想

　　孔子的教育思想是理想主义的。这里所说的理想主义，是指孔子在教育方面追求的理想境界，或说是探索教育、培养人才的理想途径。孔子开创了儒家传统，打破了官学一统天下的局面，实施"有教无类"，开创了私学，在教育实践中不断探索，积累了一些经验，为实现培养"君子"的目的而不懈努力。

　　在分析这一问题前，必须抓住两个关键问题。一是不能抬高或神化孔子。孔子的教育思想基于现实土壤之中，不是悬在空中的冥冥之物，因此，在分析孔子理想主义的教育思想时，既不能滥贴"阶级"标签，也不能完全"超时空"地抽象肯定，否则就无法准确地判断孔子教育思想的优劣。二是孔子所说的一些话，我们只能依据一些资料来判断其是实践的还是理论的，是孔子本人的还是后学衍生的，不能不分青红皂白，一律说成是孔子原意或已经实施的，否则就有可能抬高、神化孔子，或混淆真假孔子。我们不能接受将一个现实的孔子变成了"神灵式"的假孔子。

1. 教育目的

子曰:"自行束脩^①以上,吾未尝无诲焉。"

——《述而》

---

① 束脩:脩为干肉。十条干肉为一束。

季氏使闵子骞^①为费宰。闵子骞曰:"善为我辞^②焉! 如有复^③我者,则吾必在汶上^④矣。"

——《雍也》

---

① 闵子骞:孔子弟子闵损,字子骞,鲁人。
② 辞:推辞、辞去。
③ 复:再次。
④ 汶上:汶水之上,意为离开鲁国而赴齐国。

子以四教:文,行,忠,信。

——《述而》

子曰:"有^①教无类。"

——《卫灵公》

---

① 有:虚词,无意义。

德行:颜渊,闵子骞,冉伯牛,仲弓。言语:宰我,子贡。政事:冉有,季路。文学:子游,子夏。

——《先进》

子使漆雕开^①仕。对曰："吾斯^②之未能信^③。"子说。

——《公冶长》

① 漆雕开：孔子弟子，字子开，鲁人。
② 斯：即"于斯"，对于当官。
③ 信：信心。

子曰："已矣乎^①，吾未见能见其过而内自讼^②者也。"

——《公冶长》

① 已矣乎：算了吧。
② 自讼：自己批评自己、自我批评。

　　孔子的教育目的究竟如何？直接回答这个问题太难了，因为这是人言人殊的问题，每个研究者都可以从不同的角度来分析，答出的结果可能大相径庭。譬如有的人认为孔子的教育目的是为没落的奴隶主贵族培养接班人，也有人认为他是为新兴地主阶级培养人才。就这两个结论而言，确实表现出完全相反的两种观点，由此就会导致对孔子教育思想的不同看法。

　　其实，在我看来，虽然孔子生活在"阶级社会"中，其思想必然带有某些"阶级烙印"，但必须抛弃这种从"阶级"角度来分析孔子教育目的的方法，如果这样的话，可能得出的结论就会更符合孔子的原意。因为孔子本人思想上并不可能存在什么"奴隶主阶级"、"地主阶级"的类别，而且从他的教育实践来说，他并不刻意要培养某一类人，即培养奴隶主阶级或地主阶级的接班人！孔子不是提倡"有教无类"吗？那么，我们把孔子教育思想划归为哪个阶级呢？

杏坛

是"奴隶主阶级"还是"地主阶级"？退一步说，孔子所培养的人，或为奴隶主贵族服务，或为地主阶级效劳，这是学生们的事，不能依此作为孔子教育目的是为某一阶级培养接班人的根据。因为，学生们抱着不同目的来学习，孔子又是"有教无类"，基于当时的历史条件，他当然不会拒绝抱着当官目的来学习的学生。不过，我们必须看到，在孔子学生中，确实有像颜渊、闵子骞那样不愿当官，坚持自己道德修养的人。《雍也》载季氏欲委派闵子骞为费宰，闵子骞拒绝道："善为我辞焉！如有复我者，则吾必在汶上矣。"（《雍也》）如此，我们就能说，孔子的教育目的确实不是特意为某一阶级"培养人才"服务的。显然，抛弃阶级说来具体分析孔子教育目的，或许更能符合孔子思想的原意。

在相当长的一段时间里，不少学者以孔子"家庭出身"来论事，以为孔子出身于没落奴隶主贵族家庭，因此他带有阶级烙印，并推导出孔子教育是为这一阶级服务的结论。其实，这更不值得一驳。我国历史上的思想家、政治家大多出身于剥削阶级家庭，他们受到的教育也无疑是带有剥削阶级色彩的传统教育，带上这样或那样的"阶级烙印"是可以肯定的。然而，想要在有文字记载的数千年的中国历史中找出一些"受压迫、剥削阶级"的思想文化代表人物真是太困难了，即使有，也难以构成一条完整的发展线索，形成不了所谓的两个对立的思想阵营。或许有人会用"代表受压迫、剥削阶级"的历史人物这一个替代词，其实，这些"代表们"不会生活在"受压迫、剥削阶级"范围之内的真空中，而是生活在真实的社会生活的范围之中，因此，他们也绝对不可能不带有"压迫、剥削阶级"的某些阶级烙印。况且，如果这一观点能够成立，那么为什么孔子出身于"没落奴隶主贵族家庭"，不能代表新兴地主阶级呢？其实，在阶级社会里，作为统治阶级都会实施符合自己利益的教育，教育有"阶级性"是毫无疑问的，而具体到一个教育者，他的具体教育思想并不一定与统治阶级的意愿吻合。这种情况比比皆是，无须赘述。

或许有人会说，孔子实施教育，总是为统治阶级培养人才吧。在笔者看来也是要辨析的。确实，孔子的弟子中有一些当了官，《论语》中"德行：颜渊，闵子骞，冉伯牛，仲弓。言语：宰我，子贡。政事：冉有，季路。文学：子游，子夏"（《先进》）一段记载中确有"政事"一项，甚至也鼓励一些有一定能力的学生去担任官职，如"子使漆雕开仕"。其实，这是时代条件使然，读书之后当官乃是大多数士子所期望者，然而，这需将士子们读书求官与孔子教育目的区分开来。因为，孔子毕竟不是为了培养弟子当官而从事教育的。严格区分开孔子教育目的与学生求学目的是必须的，否则我们将无法准确分析孔子的教育目的。

与此相关，在学者讨论孔子教育目的时，"有教无类"是争辩的核心问题之一。此语出于《论语·卫灵公》。仅此六字，便引起不同疏释，形成了种种观点，其争辩关键是孔子所招收的学生究竟属于何类人物。一种观点认为孔子招收的学生是奴隶主贵族内部但不具体区分氏族、富贵、贫贱以及国籍者。按此观点，孔子教育自然就是为培养奴隶主阶级接班人服务。第二种观点则认为"有教无类"的招收对象是"士"阶层，属于"庶人"阶级的上层，实际是新兴地主阶级的前身，而与庶人阶级处于对立地位，因此，"有教无类"分两层意义，从前者说是"无类"，而后者则"有类"。因此，这种观点隐含着孔子教育对象是"新兴的地主阶级"这一说法。第三种观点认为，从孔子弟子出身来看，来自不同阶级、阶层，其中不少是平民，因此他是主张招收平民入学。第四种观点则认为是打破阶级界限，主张人人有受教育的权力，这是全民教育的思想。其他说法还有一些。第四种观点是匡亚明先生《孔子评传》中提出的，笔者同意这种观点。因为从目前史料所记载的孔子所招收的学生来源说，诚然有贵族出身者，但并不多，其学生来自社会各阶层者，乃至下层人等如屠夫、商人。据史书记载，颜渊身居陋巷，出身不会高贵；冉雍与仲弓父均为贱人，子路为"卞之野人"，子贡为商人，等等。显然，孔子所收之徒并不分阶级与等级。众所周知，商人在当时"士农工商"四民中属最低层次者。因而，孔子教育目的是为培养某一阶级接班人的观点显然是难以站住脚的。

　　说到底，这个问题与中国古代史分期问题紧密
联系着，相当长的一段时期内，学者们纠缠在春秋战
国是不是中国奴隶社会与封建社会的分界问题上，
因此，处于这一敏感时期的孔子自然就有一个非此即
彼的、为"没落阶级"服务还是为"新兴阶级"服务的
"立场问题"。而现在学者们对这一目前难以解决的
问题似乎也比较冷淡了，因此笔者以为，现在是应该
摆脱这一纠缠的时候了。总之，笔者以为对孔子的教
育目的的评价应该更宽容一些，完全没有必要以"阶
级属性"来生搬硬套，而更应该理性地、实事求是地
来分析研讨。只有这样，或许我们对孔子教育思想的
全貌会有一个更清醒的认识。

　　笔者认为：孔子强调"为己"之学，以己身修养为
重，因此，他的教育目的是"育人"——培养有道德的
君子。至于学成之后是否当官任职，那是另一回事，
即使与孔子教育目的有关系，但并不大，并不能说孔
子教育目的本身就是为统治阶级培养人才的。退一步
说，即使孔子教育中含有让学生当官的想法，但必须
注意的是，孔子以培养君子为目的，如果培养出来的
君子去当官，那么对社会有何害处呢？

　　正因为孔子的教育目的在于育人，培养君子，因
此他极其强调个人的道德修养，赞赏修身正己之人，
对那些不重视自身道德修养、没有自知之明者进行批
评，《公冶长》中"子曰：'已矣乎，吾未见能见其过而
内自讼者也。'"便是明证。

　　孔子的教育目的是理想主义的，他想培养理想人
格精神的君子，追求最佳的教育效益——更多地培养
出君子，其实这是很难达到目的的，在孔子的一些论

195

述中,真正符合理想人格精神的君子恐怕不会太多,
除孔子称道最多的颜回外,其他人能否说已经具备理
想人格精神或许还难肯定。

2. 学而优则仕

子夏曰:"仕而优①则学,学而优则仕。"

——《子张》

---

① 优:余力。

子曰:"贤哉,回也!一箪食,一瓢饮,在陋巷,人不堪其
忧,回也不改其乐。贤哉,回也!"

——《雍也》

孔子曰:"见善如不及,见不善如探汤。吾见其人矣,吾闻
其语矣。隐居以求其志,行义以达其道。吾闻其语矣,未见其
人也。"

——《季氏》

子曰:"笃信好学,守死善道。危邦不入,乱邦不居。天下
有道则见,无道则隐。邦有道,贫且贱焉,耻也;邦无道,富且
贵焉,耻也。"

——《泰伯》

逸民①:伯夷、叔齐、虞仲、夷逸、朱张、柳下惠、少连。子

曰："不降其志，不辱其身，伯夷、叔齐与！"谓："柳下惠、少连，降志辱身矣，言中伦，行中虑，其期而已矣。"谓："虞仲、夷逸，隐居放言，身中清，废中权②。我则异于是，无可无不可。"

——《微子》

---

① 逸民：一说同佚，即遗佚人才，一说隐居高士。虞仲、夷逸、朱张、少连四人事迹不可考。
② 权：权宜、变通。

与孔子教育目的密切联系着的另一个问题是"学而优则仕"。长期以来，围绕着"学而优则仁"一语的疏释，成为学者各自阐述孔子教育目的的主要根据。诚然，孔子在教导学生过程中涉及到不少出仕的言论，《论语》中确实有"学而优则仕"一语，但是否能成为孔子强调学习优异者可出任官员的重要根据则应该细加分析。

实际上，"学而优则仕"有不同解释。杨伯峻先生将"优"字解释为"余"，即学习有余力则出仕。笔者十分同意这种疏释。因为，如果孔子原意是学习优异可出仕，那么为什么孔子认定的学习最优异者颜回，不去鼓励他出仕，而是赞赏他好学无倦："贤哉，回也！一箪食，一瓢饮，在陋巷，人不堪其忧，回也不改其乐。贤哉，回也！"（《雍也》）这不是与学习优异便出仕矛盾吗？显然，过去疏释有所不确。况且，此语虽出《论语》，但实际上并非孔子原话，而是他的弟子子夏所言"仕而优则学，学而优则仕"（《子张》），因此，既不能张冠李戴，也不可以偏概全。

北京国子监牌坊

北京国子监明清进士碑

宋人科举考试图

　　当然，孔子并不是远离尘世的高士，也不是不食
人间烟火的隐士，而是活在现实生活中的教育家、思
想家。从当时的社会环境来说，"士"要出仕，确实需
要一定的学识，而这些学识当然要通过学习以及平时
的实践得到，因而许多"士"在出仕前投师求学，以
便今后出任官员，这也不必予以苛责。作为一个教育
家，孔子因材施教，在教育学生中有不少有关出仕的
言论，也是无可非议的。实际上，他本人也乐于担任
官职。尽管如此，孔子所办的私学毕竟不是一个"官
吏培养所"，他也不是一个只讲钻营宦术的政治教员
或政治投机家，而是一个以收"束脩"为生、以培养
"君子"为教育目的，企望播扬自己学术的学者！他
对君子出仕的看法，笔者在"理想国家"中有所涉及。
概括起来说，孔子其实主张"隐居以求其志，行义以
达其道"（《季氏》），即君子（或士大夫）可以隐居
求志，可以出仕行义而达道，前提是国家政治清明与
否。

3. 教育内容

子所雅言①,《诗》、《书》、执礼,皆雅言也。

——《述而》

---

① 雅言: 典雅语言。

子张曰:"《书》云:'高宗谅阴①,三年不言。'何谓也?"
子曰:"何必言高宗,古之人皆然。君薨②,百官总己以听于冢
宰③三年。"

——《宪问》

---

① 谅阴: 守孝。
② 薨: 古代帝王死称薨。
③ 冢宰: 官职名,为当时最高官职。

子曰:"夏礼,吾能言之,杞①不足澂;殷礼,吾能言之,
宋②不足澂也。文献③不足故也。足,则吾能澂④之矣。"

——《八佾》

---

① 杞: 杞国,夏禹后代的封国,原在河南杞县。
② 宋: 宋国,商汤后代的封国,在今河南商丘县南。战国时亡。
③ 文献:《朱子语类》卷二十五称文献为典籍、贤人。
④ 澂: 引证。

子曰:"加我数年,五十以学《易》,可以无大过矣。"

——《述而》

子曰:"南人①有言曰:'人而无恒②,不可以作巫医。'善

夫!"

"不恒其德,或承之羞③。"子曰:"不占④而已矣。"

——《子路》

---

① 南人:南方人。
② 恒:恒心。
③ 不恒其德,或承之羞:出于《易·恒卦》。
④ 不占:无须占卜。

子曰:"吾自卫反①鲁,然后乐正②,雅颂各得其所。"

——《子罕》

---

① 反:同返,返回。
② 正:同整,整理。

子语鲁大师①乐②,曰:"乐其可知也:始作,翕③如也;从④之,纯⑤如也,皦⑥如也,绎⑦如也,以成。"

——《八佾》

---

① 大师:即太师,乐官中职别最高的官员。
② 乐:乐理。
③ 翕:合、聚。指乐声合聚。
④ 从:继续演奏。
⑤ 纯:纯一、纯粹。指乐声和谐。
⑥ 皦(jiǎo):分明、清晰。
⑦ 绎:连续不断。

与教育目的相比,关于孔子教育内容的争论就不是那么激烈了。一般说来,可以把它分为抽象教育与具体教学两个方面。从抽象教育上来说,各家观点上仍存在分歧:有人认为孔子的教育内容主要是"文、行、忠、信"四方面,有人认为是"德行、言语、政事、文学"四方面，也有人认为可以概括成品德修养、文献知识、体育锻炼和美育陶冶四方面。但学者们都承认"德育"为首。

这里需要辨明的是，用"德行、言语、政事、文学"四方面来表述孔子的教育内容是否妥切。诚然，《论语》中孔子确实说过："德行：颜渊，闵子骞，冉伯牛，仲弓。言语：宰我，子贡。政事：冉有，季路。文学：子游，子夏。"（《先进》）不过要指出的是，这段话只是孔子评判众弟子各人的特点，似难作为抽象教育内容的根据。在《论语》中最明确的是："子以四教：文、行、忠、信。"（《述而》）因此，笔者认为还是以"文、行、忠、信"作为他的抽象教育内容为好。杨伯峻先生解释"文、行、忠、信"为历代文献、社会生活的实践、对别人的忠心、与人交际的信实，似乎现代化了一些。"文"指历代文献毫无疑义，"行"说成社会生活的实践就有问题了，准确一些说是"践履"。"忠"解释成"对别人的忠心"也不准确。因为"忠"这个概念主要是从上下级关系，尤其是臣下对君上的关系来立论的，并不是泛指"别人"或普通人，更非指比自己地位更低之人。在《论语》中，"忠"是指从政须尽忠，是下对上的关系。"信"的解释没有什么问题，主要是指交友应守信。实际上，"文、行、忠、信"概括起来是为人与为学两个方面，即修养道德与充实知识。实际上，孔子以这两方面来教育弟子，把他们培养成为"君子"，即既有道德修养又有知识的人，孔子说的"君子儒"就是这个意思。孔子弟子曾子说过："与人谋而不忠乎？与朋友交而不信乎？"（《学而》）此语中的"人"也不可说成是泛指一般意义上的"普通人",实际上仍是上下级关系,否则无"忠"可言。当然,这也从侧面印证了孔子"忠"、"信"教育对曾子的影响。孔子弟子有子就说过:"信近于义,言可复也。"(《学而》)而孟子也说"有诸己谓之信"(《尽心下》),基本与孔子主张合拍。

"文、行、忠、信"是抽象的教学内容,而孔子具体教学内容则是六艺:礼、乐、射、御、书、数。这在《史记·孔子世家》中有明确记载:"孔子以诗书礼乐教,弟子盖三千焉,身通六艺者七十有二人。""身通六艺"是指孔子弟子经过学习所掌握的具体的教学内容。

当然,教授"六艺"还须通过一定的教材,那么,孔子曾经使用过哪些教材呢?确实,回答这一问题是十分困难的,如果泛泛而谈,自然可以说孔子曾采用了当时他所见到的一些文献作为教材使用,但这样的回答毕竟不能使人满意。然而要真正一一落实具体书目名称,则又因为史料奇缺,无法予以确认。不过,我们可以换一个思路来分析:如果古代史书所说孔子晚年删订六经之说能够成立,那么我们再参考现存的点滴资料,仔细辨析,或许可能使我们了解一些基本情况。孔子晚年整理所谓的六经,其实是他长年对前代典籍的学习与认识的最终结果。可以肯定的是,他认为这几种典籍对学者学习有很大价值,因此他才会下功夫去进行整理、删改和修订,否则我们就无法理解他对这些典籍为何如此倾心。如果这个前提没有大的疑问,那么我们大致可以肯定,孔子至少采用过这六个方面的典籍作过教材。这里需要强调的有两个方面,一是孔子整理、删订六经,与他进行收徒教学相比要晚得多，因此所谓六经与孔子采用的教材不是一回事。因为，《论语》中所引《诗》的内容，确实有未见现存之《诗经》的逸诗，而《易》则有《连山易》、《归藏易》与《周易》，孔子曾用过哪些也难以肯定。至于历史书籍更难确认，因为除鲁国的国史《春秋》外，孔子应该也看到过其他许多国家的国史，因此决不可能只用鲁国的《春秋》来作教材。二是这所谓的六经当时是不是已有成书。这个问题我们在下面逐一讨论。

关于《诗》。《论语》中明确提到《诗》有14处，共9段，其中引《诗》文者2次（其中1次为曾子所引，未出现孔子）。另外4段未出现《诗》之名，但提到雅、颂、《周南》、《召南》及《关雎》。这些语录，从时间上分析，大致延续很久。如《季氏》中有段记载：

陈亢问于伯鱼曰："子亦有异闻乎？"

对曰："未也。尝独立，鲤趋而过庭。曰：'学《诗》乎？'对曰：'未也。''不学《诗》，无以言。'鲤退而学《诗》。他日，又独立，鲤趋而过庭。曰：'学礼乎？'对曰：'未也。''不学礼，无以立。'鲤退而学礼。闻斯二者。"

陈亢退而喜曰："问一得三，闻诗，闻礼，又闻君子之远其子也。"

孔鲤为孔子儿子，比孔子小29岁，说孔鲤还未学《诗》、礼，那么应该是孔鲤年幼时，因此这段话是记载孔子早年之事。有《诗》之名，那么可以想见《诗》在当时已有成书。《八佾》记子夏问《诗》"巧笑倩兮，美目盼兮，素以为绚兮"则是孔子晚年之事，因为子夏

泗水侯孔鲤墓

比孔子小44岁。如果说孔子晚年曾对《诗》进行整理修订，那么是在这成书基础上进行的。显然，孔子以《诗》作教材是无法推翻的结论。

关于《书》（《尚书》）。《论语》中明确说到《尚书》仅3次，第一段资料是"子所雅言，《诗》、《书》，执礼，皆雅言也"。（《述而》）这段话无法判断书写时间。但说到孔子用"雅言"朗读《书》，学生亦能听到，应该说是孔子晚年之事。《宪问》中一段更为明确：

> 子张曰："《书》云：'高宗谅阴，三年不言。'何谓也？"子曰："何必高宗，古之人皆然。君薨，百官总己以听于冢宰三年。"

子张小孔子48岁,那么这段资料大致可以判断是孔子晚年之事。另外一段资料是:

> 或谓孔子曰:"子奚不为政?"子曰:
> "《书》云:'孝乎惟孝,友于兄弟,施于有
> 政。'是亦为政,奚其为为政?"(《为政》)

这段资料记载时间不详。但是从上述三段资料来说,当时《书》已有成书也大致可以肯定,作为教材是不成问题的。

礼采用什么教材,这很难回答,当时是什么礼书,现在已经无法弄清楚了。但孔子采用过某种(某些)礼书作教材大概可以肯定。《八佾》:"子曰:'夏礼,吾能言之,杞不足徵也;殷礼,吾能言之,宋不足徵也。文献不足故也。足,则吾能徵之矣。'"这可以证实孔子对弟子传授"礼"时有具体教材,因为讲"文献不足",而不是说没有文献可据,显然孔子当时利用过某些礼书作为教材,只是多少问题。《史记·孔子世家》记载"孔子去曹适宋,与弟子习礼大树下",就是孔子教"礼"的有力例证。

关于《易》,也可确定曾为孔子用作教材。《述而》记载孔子曾说:"加我数年,五十以学《易》,可以无大过矣。"《史记·孔子世家》中载孔子"读《易》,韦编三绝",可以明确肯定孔子一直在读《易》。但是,《易》有《连山易》、《归藏易》与《周易》,究竟采用哪些作教材,已经无法确证。《易》作为教材,可以从《论语》中找到根据。《子路》载:

> 子曰:"南人有言曰:'人而无恒,不可以作巫医。'善夫!"
> "不恒其德,或承之羞。"子曰:"不占

而已矣。"

"不恒其德，或承之羞"出于《易·恒卦》"九三"，这不是用《易》来教育学生的明确根据吗？

《论语》中提及孔子与"乐"的关系的语录不少，但他是否有教"乐"的具体教材，至今没有明证。史书对孔子用乐教学有记载，如《史记·孔子世家》中"孔子以诗书礼乐教"，"孔子语鲁太师：'乐其可知也。始作翕如，纵之纯如，皦如，绎如也，以成。''吾自卫反鲁，然后乐正，《雅》《颂》各得其所。'""三百五篇孔子皆弦歌之，以求合《韶》《武》《雅》《颂》之音。礼乐自此可得而述，以备王道，成六艺"。实际上，这些资料大多出于《论语》，仅是个别字词有所改变。如"子语鲁太师乐，曰：'乐其可知也：始作，翕如也；从之，纯如也，皦如也，绎如也，以成。'"（《八佾》）通过这些记载，我们可以看出孔子对乐的研究比较精湛。虽然我们不能把孔子"以诗书礼乐教"、对"三百五篇皆弦而歌之，以求合《韶》《武》《雅》《颂》之音"、"《雅》《颂》各得其所"当作使用过乐书的确论，但至少可以看出孔子本人认真钻研过乐书、乐理，如果当时有某些乐书流传的话，他作为教材大致也可以肯定。

至于是否采用史著为教材，我们可以以《史记·陈杞世家》一段来印证："孔子读史记至楚复陈，曰：'贤哉，楚庄王！轻千乘之国而重一言。'"这里的"史记"是指史书，虽非确指某诸侯国之史书，但至少可以作为孔子读史著的明证，因此他采用当时所存某些史著作教材也是确信无疑的。况且，孔子明确说过"吾犹及史之阙文也"（《卫灵公》），还改编过鲁国的史书《春秋》，他身边有史书是可以肯定的。我们在《论语》中还可以看到孔子弟子经常询问古代人物行事，孔子也常用古代人物行事来教育学生，应该说孔子对古代史事有相当了解，因此他利用类似《鲁春秋》的各国史籍作为教材也可以断定。

综上所述，孔子采用过古代典籍作为自己教材是没有疑问的，至少《诗》、《尚书》、《易》和一些国家的史著应该已有成书，而礼、乐两类书籍应该也有不少，只是目前无法明确究竟是哪些书而已。《史记·滑稽列传》记载："孔子曰：'六艺于治一也。《礼》以节人，《乐》以发和，《书》以道事，《诗》以达意，《易》以神化，《春秋》以义。'"虽然我们不必将《史记》所载看成是孔子曾经使用六经作教材的根据，但至少可以把它作为孔子使用此六类典籍作为教材的参考资料。

4. 教学方式

子曰："不愤①不启②，不悱③不发。举一隅不以三隅反，则不复也。"

——《述而》

---

① 愤：郁积。
② 启：启发。
③ 悱：欲说未能状态。

樊迟从游于舞雩①之下，曰："敢问崇德，修慝②，辨惑^③。"子曰："善哉问! 先事后得, 非崇德与? 攻^④其恶, 无攻人之恶, 非修慝与? 一朝之忿, 忘其身, 以及其亲, 非惑与?"

——《颜渊》

---

① 舞雩: 舞雩台。
② 修慝 (tè): 改正错误。修, 整治。慝, 过错。
③ 惑: 疑惑。
④ 攻: 批判。

子贡曰："贫而无谄, 富而无骄, 何如?"子曰："可也; 未若贫而乐, 富而好礼者也。"

子贡曰："《诗》云:'如切如磋, 如琢如磨^①。'其斯之谓与?"子曰："赐也, 始可与言《诗》已矣, 告诸往而知来者。"

——《学而》

---

① 此引《诗·卫风·淇奥》。

颜渊季路侍。子曰："盍各言尔志?"

子路曰："愿车马衣轻^①裘与朋友共, 敝之而无憾。"

颜渊曰："愿无伐善^②, 无施劳^③。"

子路曰："愿闻子之志。"

子曰："老者安之, 朋友信之, 少者怀之。"

——《公冶长》

---

① 轻: 此字恐衍。
② 伐善: 自夸、自吹自擂。
③ 施劳: 夸耀自己功劳。

子夏问曰：" '巧笑倩兮, 美目盼兮, 素^①以为绚^②兮^③。'何

谓也？"子曰："绘事后素（先有白色底子再画花）。"

曰："礼后④乎？"子曰："起⑤予者商也！始可与言《诗》已矣。"

——《八佾》

① 素：素白。
② 绚：纹彩。
③ 三句诗，前两句出于《诗·卫风·硕人》，后一句应为逸句。
④ 礼后：《论语译注》加"仁义"两字，意思比较明白。全句意思为：礼在仁义之后吗？
⑤ 起：同启，启发。

子路问："闻斯行诸①？"子曰："有父兄在，如之何其闻斯行之？"

冉有问："闻斯行诸？"子曰："闻斯行之。"

公西华曰："由也问闻斯行诸，子曰'有父兄在'；求也问闻斯行诸，子曰'闻斯行之'。赤也惑，敢问。"子曰"求也退②，故进之，由也兼人③，故退之。"

——《先进》

① 闻斯行诸：听到就行动吗？
② 退：做事畏缩。
③ 兼人：胆量超过别人。

柴①也愚，参也鲁，师②也辟③，由也喭④。

——《先进》

① 柴：孔子弟子高柴，字子羔。郑玄称其卫人，《孔子家语》称为齐人。
② 师：颛孙师，即子张。
③ 辟：偏颇。
④ 喭：粗鲁。

子曰："吾与回言终日，不违，如愚。退而省其私，亦足以发①，回也不愚。"

——《为政》

---

① 发：阐发、发挥。

子曰："盖有不知而作①之者，我无是也。多闻，择其善者而从之；多见而识之；知之次也。"

——《述而》

---

① 作：凭空造作。

子曰："三人行，必有我师焉：择其善者而从之，其不善者而改之。"

——《述而》

子曰："见贤思齐焉，见不贤而内自省也。"

——《里仁》

子曰："回也非助我者①也，于吾言无所不说②。"

——《先进》

---

① 非助我者：不是对我有帮助的人。
② 说：通悦。

子曰："默而识①之，学而不厌，诲人不倦，何有于我哉？"

——《述而》

————————————————
① 识：识记。

子曰："学如不及①，犹恐失之。"

——《泰伯》

————————————————
① 不及：赶不上。

叶公问孔子于子路，子路不对。子曰："女奚不曰，其为人也，发愤忘食，乐以忘忧，不知老之将至云尔。"

——《述而》

子曰："语之而不惰①者，其回也与！"

——《子罕》

————————————————
① 惰：怠倦。

子曰："若圣与仁，则吾岂敢？抑为之不厌，诲人不倦，则可谓云尔已矣。"公西华曰："正唯弟子不能学①也。"

——《述而》

————————————————
① 不能学：学不到。

子谓子贡曰："女与回也孰愈①？"对曰："赐也何敢望回？回也闻一以知十，赐也闻一以知二。"子曰："弗如也；吾与②女弗如也。"

——《公冶长》

① 孰愈：哪个强。
② 与：赞同、赞成。

互乡①难与言②，童子见，门人③惑。子曰："与其进也，不与其退也，唯何甚？人洁己以进，与其洁也，不保④其往也。"

——《述而》

① 互乡：地名。
② 难与言：难说话，难打交道。
③ 门人：古代称学生为门人。
④ 不保：不记。

建国以来，对孔子教学方式的评价比较一致，都采取肯定态度。正如著名学者蔡尚思先生说的那样："倘说在孔子的教育思想遗产里，有什么好东西的话，那么首先引人注目的，便是他的教学方法。"（《孔子思想体系》）因此，这个问题没有什么辨析的必要。当然，我们应该强调，孔子的教学方式既是当时的首创，也可能借鉴了官学的教学方式，但其主要方面不能不说是他首创的。因为毕竟私学与官学是完全不同的两回事，其教学方式有所改易也是必然的。大致说来，孔子采取的教学方式有以下几个方面。

启发诱导

孔子曾说："不愤不启，不悱不发，举一隅不以三隅反，则不复也。"（《述而》）这段话被作为启发诱导（或说启发式）的重要根据。这当然是正确的。孔子确实在学生苦思不得其解的情况下去启发学生，引导学生，也希望学生举一反三，甚至从学生那里得到启发。这在《论语》中有不少资料可资印证。如：

> 樊迟从游于舞雩之下，曰："敢问崇德，修慝，辨惑。"子曰："善哉问！先事后得，非崇德与？攻其恶，无攻人之恶，非修慝与？一朝之忿，忘其身，以及其亲，非惑与？"（《颜渊》）

此段记载樊迟跟随孔子到舞雩台，由于对"崇德，修慝，辨惑"的不理解，便向孔子求教，孔子只是以"先事后得"来解释崇德，以"攻其恶，无攻人之恶"来疏释"修慝"，以"一朝之忿，忘其身，以及其亲"来说明"辨惑"，其实都是启发而已，因为"崇德、修慝、辨惑"并不仅仅只指这一些，孔子只是通过这些方面来启发樊迟，让他悟解其中道理。

《学而》载："子贡曰：'贫而无谄，富而无骄，何如？'子曰：'可也；未若贫而乐，富而好礼者也。'"虽然孔子肯定子贡的说法，但进一步从"贫而乐，富而好礼"来加以启发。《为政》中子夏问孝。孔子说："色难。有事，弟子服其劳；有酒食，先生馔，曾是以为孝乎？"指出为人之子，服事父母做到和颜悦色而不辞辛苦、为父母效力、有美酒佳食让长辈尝，这还不能算作"孝"。从上面所说的内容看，孔子更重视从"孝"中所反映出来的"礼"。其实，在《论语》中有大量记载弟子们问仁、问孝、问礼、问君子、问古代圣贤、问史事，孔子都予以解答。

当然，孔子并不是只有在学生有疑问提出时才作回答，而是在平时进行观察，找到适当时机就启发学生。如《阳货》有这样的记载：

子曰："由也，女闻六言六蔽矣乎？"对
曰："未也。"

"居！吾语女。好仁不好学，其蔽也愚；
好知不好学，其蔽也荡；好信不好学，其蔽
也贼；好直不好学，其蔽也绞；好勇不好学，
其蔽也乱；好刚不好学，其蔽也狂。"（《阳
货》）

显然，这是孔子主动启发弟子仲由，具体解释了
"六言六蔽"。另外，《阳货》中载孔子之语："小子何
莫学夫诗？诗，可以兴，可以观，可以群，可以怨。迩
之事父，远之事君；多识于鸟兽草木之名。"这也是
孔子主动从《诗》的作用来启发弟子学《诗》。《公冶
长》载：

颜渊季路侍。子曰："盍各言尔志？"
子路曰："愿车马衣轻裘与朋友共，敝之
而无憾。"
颜渊曰："愿无伐善，无施劳。"
子路曰："愿闻子之志。"
子曰："老者安之，朋友信之，少者怀
之。"

孔子询问颜渊、季路为政之志，更以自己"老者安之，
朋友信之，少者怀之"的远大抱负来启示他们。

其实，孔子启发式教育方式还表现在善用比喻。
在《论语》中有大量类似例子。《为政》记载孔子之语
说："人而无信，不知其可也。大车无輗，小车无軏，其
何以行之哉？"孔子把人"无信"比作大车无輗、小车
无軏而不能行走，那么人无信则不能在世上行走。如
此启发，使学生比较容易掌握"信"对人立身处事的

作用。

孔子也从学生那里获得启发，在《论语》中也有明确事例可资印证：

> 子夏问曰："'巧笑倩兮，美目盼兮，素以为绚兮。'何谓也？"子曰："绘事后素。"
>
> 曰："礼后乎？"子曰："起予者商也！始可与言《诗》已矣。"（《八佾》）

"巧笑倩兮""美目盼兮"是《诗·硕人》之语，"素以为绚兮"出处不详。这是记载子夏在读《诗》时不明白，向孔子求教之事。孔子不但向子夏作出了解释，还从子夏回答中受到启发，以为"起（启发）予者商（子夏）也"。

因材施教

上面举了《先进》中"德行：颜渊，闵子骞，冉伯牛，仲弓。言语：宰我，子贡。政事：冉有，季路。文学：子游，子夏"这段话，过去将此称为"圣门四科"，其实并不确切。因为上面已经说了，"乐"也是孔子教学的重要内容，孔子本人就比较精通乐理。因此，笔者强调这段话只是孔子评判众弟子各人的特点，而非"圣门"仅教此四种学问，只能说明孔子对弟子各人的特点掌握比较清晰，因而能因材施教。

因材施教在《论语》中有不少例证。《先进》中有段话：

> 子路问："闻斯行诸？"子曰："有父兄在，如之何其闻斯行之？"
>
> 冉有问："闻斯行诸？"子曰："闻斯行之。"

公西华曰："由也问闻斯行诸,子曰'有
父兄在';求也问闻斯行诸,子曰'闻斯行
之'。赤也惑,敢问。"子曰:"求也退,故进
之;由也兼人,故退之。"

孔子对仲由与冉求问"闻斯行诸"的回答不同,使公
西华感到十分疑惑,因此向孔子求教,孔子认为两人
的性格不同,因此给予的答复也不应该相同。显然,
孔子针对弟子不同资质与特点而采用不同的教学方
法,是因材施教的具体例证。类似例子在《论语》中
太多了,孔子回答学生问仁、问义、问礼等都稍有差
异,也应该是基于不同的询问对象的原因。

在《论语》中,我们还可以发现孔子在教育学生
时,有时并不会明确地将结果告诉他们,而是让他们
去了解、思考其中意义。《里仁》记载孔子对曾参说
"吾道一以贯之",但没有直接说明"一以贯之"的究
竟是什么,而曾子则悟解为"忠恕"。这不是孔子不愿
说,或是故意让学生自己去猜测,而是基于对曾子的
深刻了解,知道他会悟解,故不再明说。这也是因材
施教的明证。孔子能够针对学生特点的因材施教,确
实值得后人仿效与学习。

因材施教还包括一个正确评价学生的问题,这
是一般学者所忽视的。在笔者看来,孔子之所以能对
不同学生进行因材施教,就是基于他对学生的深刻
了解,能正确评价自己的学生,因而能针对不同的学
生,采取不同的教学方式。在《论语》中,有关资料
是相当多的,此仅举数条。如《公冶长》中有孟武伯
问子路、冉有、公西赤的情况,孔子侃侃而谈,显示
出他对各位弟子的情况了如指掌。《先进》中"柴也

愚,参也鲁,师也辟,由也喭",也说明同样的情况。更为典型的是孔子对颜回的评价:"吾与回言终日,不违,如愚。退而省其私,亦足以发,回也不愚。"(《为政》)孔子对颜回的评价,并不在于他的敏捷与否,而在于他能在学后思考与探索,找到新的见解。显然,孔子对颜回的了解相当深刻,评价十分准确,因此对他采取的方法只是启发,颜回则"退而省其私,亦足以发"了。在《公冶长》中还可以找到旁证材料。孔子问子贡,在学习上他与颜回哪个更强一些,子贡回答不如颜回,孔子赞同子贡的说法,认为他确实不如颜回。显然,只有深切地了解弟子的情况,正确评价学生,根据不同的资质,才能针对不同的学生采取不同的教学方式,使他们的道德与学识得到更快地提高。

教学相长

教学相长四字并不出于《论语》,而是后人的概括,大致能够成立。虽然有关资料不算太多,但仍然可以找到一些。上述引证的子夏问"巧笑倩兮,美目盼兮"后,曾提出疑问:"礼后乎?"即又提出礼产生于仁义之后的疑问,而孔子当时回答:"起予者商也!始可与言《诗》已矣。""起"即启发之意,意思是启发自己的是卜商(子夏)。这是比较典型的资料。实际上,孔子自己说过:"盖有不知而作之者,我无是也。多闻,择其善者而从之,多见而识之,知之次也。"(《述而》)孔子自认为是"多闻,择其善者而从之",并不是只向学识比他高者学习,而是向所有有点滴之长者学习,自然也包括自己的学生。他见贤思迁,善于汲取别人好的东西，以充实自己。因而，至今留下的资料中，有"三人行，必有我师焉"（《述而》）的言论，有"见贤思齐焉，见不贤而内自省"（《里仁》）的表态，有"子入太庙，每事问"（《八佾》）的行为，有孔子赴周"问礼于老子"（《史记·老子韩非列传》）的记载。

《左传·昭公七年》有段记载：

> 孟僖子病不能相礼，乃讲学之。苟能礼者从之……仲尼曰："能补过者，君子也。《诗》曰：'君子是则是效。'孟僖子可则效已矣。"

这段记载中，孔子对孟僖子不精通礼而主动拜师学习予以充分肯定，认为是可以仿效的。但从另一个意义上说，孔子从孟僖子拜师学礼这件事上学到了能弥补过错的精神。

众所周知，孔子对颜回评价相当高，以为是弟子中道德最好、学问最好、善于思考的学者，但他却说过："回也非助我者也，于吾言无所不说。"（《先进》）稍有微词，其实这是基于颜回不能启发自己，达不到教学相长目的而言的。因为颜回对孔子毕恭毕敬，唯言是听，却从不提出疑义，无法达到教学相长的目的，因此孔子说他是"非助我者"。可见，孔子对"教学相长"是相当看重的。

诲人不倦

诲人不倦既是孔子教育中体现出来的精神，也是渗透到他具体教学中的一种方式。也就是说，从教学方式来说，是指对学生教学应该坚持不懈、持之以恒。

"诲人不倦"出于《述而》:"子曰:'默而识之,学而不厌,诲人不倦,何有于我哉?'""默而识之"的"默"是默默地。"识"字,学者都解释为"记住",虽然可通,但恐怕不确。我以为除了"记住"之外,还包含"理解"的意思,因此应该疏释为"识记"。"默而识之"的意思是:在学习过程中将已经理解的东西记住。"学而不厌"是指努力学习而不厌弃。这两者是指孔子自己学习方面的情况。"诲人不倦"则是指自己对学生教学的精神和方法。"何有于我哉"是孔子自谦之词,指自己在这三方面都没有具备。因为在《论语》中反映出来的是,孔子确实知识广博,天文地理、历史人物、礼仪制度等等都了然在心,还讲得出一番道理,确实是"默而识之"的。他自称"加我数年,五十而学《易》"(《述而》),"子入太庙,每事问"(《八佾》),已经体现出他学而不厌的精神,而其他许多记载更能证实他的好学。如"学如不及,犹恐失之"(《泰伯》)、"十室之邑,必有忠信如丘者焉,不如丘之好学也"(《公冶长》)、"叶公问孔子于子路,子路不对。子曰:'女奚不曰,其为人也,发愤忘食,乐以忘忧,不知老之将至云尔。'"(《述而》)这些明确的记载,不正充分证实了孔子"学而不厌"吗?至于"诲人不倦"的实例,《论语》中也有不少记载,最为典型者是对颜回的教诲。因为颜回一直跟随孔子,至死不渝,《论语》中记载颜回的地方近30处,其中有关道德方面的论述相当多,而"吾与回言终日"(《为政》),"语之而不惰者,其回也与"(《子罕》),这不正是孔子"诲人不倦"的写照吗?其实,孔子在另外一处倒是自称"诲人不倦":"若圣与仁,则吾岂敢?抑为之不厌,诲人不倦,则可谓云尔已矣。"(《述而》)

颜回之所以具有"仁德",能"闻一举十",应该说与孔子长期对他的教导有密切关系。

当然,从教学对象来说,孔子"诲人不倦"表现在对自己学生的教育方面是理所当然的,如果从更大范围来说,孔子的这种"诲人不倦"体现在对其他人的教育方面。如《述而》:"互乡难与言,童子见,门人惑。子曰:'与其进也,不与其退也,唯何甚? 人洁己以进,与其洁也,不保其往也。'"互乡童子并非是弟子入室弟子,但孔子仍能从"与其进"、"不与其退"的立场对他进行教育,充分说明他"诲人不倦"。其他事例还有一些,此就不多说了。

5. 学习态度

子曰:"朝闻道①,夕死可矣。"

——《里仁》

---

① 道:先王之道或正确的政治主张。

仪①封人②请见,曰:"君子③之至于斯也,吾未尝不得见也。"从者见之。出曰:"二三子何患④于丧⑤乎? 天下之无道也久矣,天将以夫子为木铎⑥。"

——《八佾》

---

① 仪:地名。
② 封人:官名。
③ 君子:此为一般意义上的用法,指有学问者而非道德高尚者。因为君子是孔子所提出的有道德高尚之人。
④ 患:担心。

⑤ 丧: 失去。

⑥ 木铎: 铜质木舌之铃。古代摇木铎以召集众人。《论语译注》释为导师, 意
　　义尚可取。

　　子曰:"二三子以我为隐①乎? 吾无隐乎尔。吾无行②而不
与③二三子者, 是丘也。"

——《述而》

① 隐: 隐瞒。

② 无行: 没有什么。

③ 不与: 不告诉。

　　哀公问:"弟子孰为好学?"孔子对曰:"有颜回者好学,
不迁怒①, 不贰过②。不幸短命死矣, 今也则亡, 未闻好学者
也。"

——《雍也》

① 迁怒: 将怒迁移到他人, 即不拿别人出气。

② 贰过: 再次同样犯错。

　　季康子问:"弟子孰为好学?"孔子对曰:"有颜回者好
学, 不幸短命死矣, 今也则亡。"

——《先进》

　　子曰:"人之过也, 各于其党。观过, 斯知仁①矣。"

——《里仁》

① 仁:《论语译注》作"人", 亦可通。但作"仁"字原义解更佳。

蘧伯玉使人于孔子。孔子与之坐而问焉,曰:"夫子^①何为?"对曰:"夫子欲寡其过^②而未能也。"

使者出。子曰:"使乎^③! 使乎!"

——《宪问》

① 夫子: 指蘧伯玉。
② 寡其过: 减少错误、减少过失。
③ 使乎: 好一位使者呵。

子曰:"过而不改,是谓过矣。"

——《卫灵公》

冉求曰:"非不说^①子之道,力不足也。"子曰:"力不足者, 中道而废。今女画^②。"

——《雍也》

① 说: 同悦。
② 画: 划地自牢。

宰予昼寝。子曰:"朽木不可雕也,粪土之墙不可杇^①也;于予与何诛^②?"子曰:"始吾于人也,听其而信其行;今吾于人也,听其言而观其行。于予与改是。"

——《公冶长》

① 杇(wū):泥工抹墙工具,作动词用。
② 诛:责备。

子曰:"吾十有五而志于学,三十而立,四十而不惑,五十而知天命, 六十而耳顺, 七十而从心所欲, 不逾矩。"

——《为政》

子谓颜渊, 曰: "惜乎! 吾见其进也, 未见其止也。"

——《子罕》

子曰: "当仁, 不让于师。"

——《卫灵公》

陈司败①问昭公②知礼乎, 孔子曰: "知礼。" 孔子退, 揖巫马期③而进之, 曰: "吾闻君子不党④, 君子亦党乎? 君取⑤于吴, 为同姓, 谓之吴孟子。君⑥而知礼, 孰不知礼?"

---

① 陈司败: 一说人名, 一说司败为官名。
② 昭公: 鲁昭公。
③ 巫马期: 孔子弟子。《史记·仲尼弟子列传》有巫马施, 字子旗, 鲁人。《孔子家语》称字子期。
④ 不党: 偏袒。党, 党同伐异之意。
⑤ 取: 同娶。昭公娶吴女子为妻, 为同姓, 不合同姓不婚之礼。
⑥ 君: 指昭公。

巫马期以告。子曰: "丘也幸, 苟有过, 人必知之。"

——《述而》

在论述学习态度问题上, 孔子有很多相当精彩的言论, 对后世有相当大的启示或借鉴意义。大致归纳起来有以下几个方面。

朝闻夕死

孔子曾说: "朝闻道, 夕死可矣。" (《里仁》)

"道"字，杨伯峻先生译为"真理"，似有不确，笔者以为可以有两种翻译，一是"先王之道"，二是指正确的政治主张，因为孔子认为自己追求的是先王之道，坚持的是先王之道，自己的政治主张也符合先王之道。《八佾》中有仪封人见孔子后，对其学生说："二三子何患于丧乎？天下之无道也久矣，天将以夫子为木铎。"仪封人意思是说，你们不必在官位上患得患失，天下没有先王之道（或说正确的政治主张）很久了，因此要孔子来当导师。孔子自称"道不行，乘桴浮于海"（《公冶长》），此道也是先王之道（或说正确的政治主张）的意思。

"朝闻道，夕死可矣"，表达的意思是闻道有先后，但不是判断人优劣的根据，一旦闻道，死亦不惧。当然，这确实表现出一种追求理想的精神，但也是一种理想主义的学习态度。在孔子看来，金无足赤，人无完人，只有不断学习，努力提高自己道德水准，朝闻夕死也是值得的。自然，孔子所说的道德，是当时社会条件下的"道德"，与现在所称的道德有质的不同，但他主张不断追求道德上的完善，不断努力学习，对我们是有借鉴和启示意义的。

在学习上要有"朝闻夕死"的精神，不断追求自己道德的完善。他说："有能一日用其力于仁矣乎？我未见力不足者。盖有之矣，我未之见也。"（《里仁》）孔子提倡学者要致力于提高己身修养，修仁育义遵礼，这都是要紧之处，君子要精进不懈，不存在"力不足"的问题，只是自己没有努力修仁育义遵礼而已。

朝闻夕死就要有"好学"的精神，迁善改过。鲁哀公曾问他弟子中哪个比较好学，孔子对曰："有颜回者好学，不迁怒，不贰过。不幸短命死矣，今也则亡，未闻好学者也。"（《雍也》）当然，孔子这里所说的"好学"，并非只指一般的文化知识，实际上更为重要的是道德修养。因为颜渊在道德修养上极其执着，因此孔子称他好学。孔子也十分自负地说过："十室之邑，必有忠信如丘者焉，不如丘之好学也。"其实也指自己在道德修养方面不断进步，并非仅指学习一般的知识。这不是笔者的猜测之词，其实他自己也说过："德之不修，学之不讲，闻义不能徙，不善不能改，是吾忧也。"（《述而》）此处强调人犯错误是不可避免的，但各人所犯的错误是不同的，观察所犯的错误，可知其是贤还是不肖，这与孔子说的"观过，斯知仁矣"（《里仁》）是一样意思。杨伯峻先生将此处的"仁"释为"人"，可通，但作"仁"的原意解更佳，因为观"过"可以知道其人所拥有的仁德。

孔子看重的是在学习中不断提高自己的道德水平、文化知识，即使个人有缺陷，只要不断努力去克服，去提高自己的道德水平和文化知识，这也是值得肯定的。如《宪问》载："蘧伯玉使人于孔子。孔子与之坐而问焉，曰：'夫子何为？'对曰：'夫子欲寡其过而未能也。'"而孔子对蘧伯玉在道德上不断修养提高极其赞赏，因为只有"过而不改，是谓过矣"（《卫灵公》）。这实际上是孔子整个理想主义体系在教育方面的重要体现，即注重过程，肯定努力学习文化和修养道德者。

勤学不倦

孔子曾自信地说道："十室之邑，必有忠信如丘者焉，不如丘之好学也。"(《公冶长》)"好学"，这确实是孔子一生的写照，这也是他在教学活动中对学生的谆谆教导。他说："学如不及，犹恐失之。"(《泰伯》)

孔子鼓励自己学生努力学习，不要画地自牢。如冉求自称不是不喜欢孔子的学说，而是自己力量不足，孔子批评他："力不足者，中道而废。今女画。"(《雍也》)意思是，如果是力量不足，只是半途而废，而现在你自己画地自牢，这不是力量足不足的问题，而是努力不努力的问题。

在孔子看来，学业不及他人，就如害怕丢掉东西一般，那么就必须努力争取进步(参见《泰伯》)。他十分赞赏颜回对仁德的追求，而对不努力学习、不注重己身道德修养者予以严厉批评。《论语》中专门记载了孔子对白天睡觉的宰予进行了斥责："朽木不可雕也，粪土之墙不可杇也；于予与何诛？"(《公冶长》)甚至说道："始吾于人也，听其言而信其行；今吾于人也，听其言而观其行。于予与改是。"(《公冶长》)孔子对人的评判，原是听其言而信其行，现则改为听其言而观其行，这种论述至今仍是有很大的启示意义的。

勤学不倦当然要有恒心，要坚持不懈。孔子本人便是如此："吾十有五而志于学，三十而立，四十而不惑，五十而知天命，六十而耳顺，七十而从心所欲，不逾矩。"(《为政》)这不是持之以恒吗？《子张》载：

卫公孙朝问于子贡曰："仲尼焉学？"子贡曰："文武之道，未坠于地，在人。贤者识其大者，不贤者识其小者。莫不有文武之道焉。夫子焉不学？而亦何常师之有？”

公孙朝问孔子学问如何而来，子贡回答的中心含义是
“夫子焉不学？而亦何常师之有”，即孔子在平时便
注意向一切有道德或有各种知识的人学习，并无常
师，因此他的学问极为广博，其实也含有日积月累的
意思。显然孔子极有恒心，勤学不倦。孔子曾以堆土
成山作比喻：“譬如为山，未成一篑，止，吾止也。譬
如平地，虽覆一篑，进，吾往也。”(《子罕》)意思说，
修养、学习就像堆土成山，如果差一筐而未成山，停
止的话是自己停止的；即使只倒了一筐土，要前进，那
么就必须继续前进。这当然是比喻，其核心是“进”，
而不是停止，因为《论语》中孔子对知识的追求、对道
德的修养确实没有停止过。显然，孔子强调自己要有
恒心，要勤学不倦。

他称赞颜回好学，说颜回能坚持不懈地学习，修
养自己的道德，甚至感叹地说：“惜乎！吾见其进也，
未见其止也。”(《子罕》)意思是颜回有毅力、有恒
心，能不断进步。因此颜回去世，孔子十分悲伤。

孔子对学习没有恒心者进行批评，如对宰予昼寝
便是一例，他甚至还说过：“南人有言曰：‘人而无恒，
不可以作巫医。’善夫！”(《子路》)没有恒心的人连
巫医都不能当，这句话引用得太妙了！

当仁不让

当仁不让出于《卫灵公》：“当仁，不让于师。”意
思是遇到仁德之事，即使是自己的老师也不可有丝毫
谦让。孔子是理想主义思想家，他十分关注学者的道
德修养，这句话十分明确地反映出他对道德修养的

重视。"仁"是孔子理想人格在素质方面的最为关键的因素,是君子之所以成为君子的基点之一,实际上也可以说成是一种道德原则。当然,"仁"也是学者平时学习、修养的重要内容,"当仁不让"既反映出坚持道德原则,也反映出孔子在学习态度上的观点。

在孔子看来,国君之位可让,而当仁则不让。"子曰:'能以礼让为国乎?何有?不能以礼让为国,如礼何?'"(《里仁》)这里的"礼"、"让"是两个概念,一指礼法,一指态度,如孔子说到周古公亶父之长子与次子"让"国于季历,后季历之孙武王灭商。换句话说,不以国为私,而以国为公便是具有仁德,既遵循礼法制度,又以国为重,就体现出对国之忠,如此,才能治理好国家。

当仁不让并非是嘴上说说而已,而是要落实在行动上。换句话说,有了当仁不让的学习态度,掌握了这一原则,那么就必须落实在行事处世的行动上。如:

> 季氏旅于泰山。子谓冉有曰:"女弗能救
> 与?"对曰:"不能。"子曰:"呜呼!曾谓泰
> 山不如林放乎?"(《八佾》)

季氏祭祀泰山自然是不合当时礼仪制度的举措,而冉有不能劝止季氏这种违礼的行为,因而孔子批评冉有放弃原则,居然接受了这种行为。这段话虽然不是直接讲学习态度问题的,但间接反映出冉有虽然跟随孔子多年,却没有掌握孔子教导过的"当仁不让"的学习态度,没有在行事处世中坚持这一原则,因此孔子对他进行了严厉的批评。

我们再看一条有关孔子本人的资料,《述而》

载：

> 陈司败问昭公知礼乎，孔子曰："知礼。"孔子退，揖巫马期而进之，曰："吾闻君子不党，君子亦党乎？君取于吴，为同姓，谓之吴孟子。君而知礼，孰不知礼？"
>
> 巫马期以告。子曰："丘也幸，苟有过，人必知之。"

陈司败究竟是何人，不详。这段记载是陈司败批评孔子，认为孔子不对鲁君娶吴姬为妻提出非议。因为鲁吴同姓，鲁君娶吴姬违反同姓不婚的礼仪制度，因而孔子不向鲁君提出此事是不对的，没有坚持"当仁不让"的原则。这里，孔子认为陈司败指出他的错误是自己的幸运，确实具有勇于改过的精神，并非文过饰非。至于孔子后来是否对鲁君进行过批评，史无明证。但《论语》中记载了这条资料，那么我们完全有理由相信，孔子当时至少对学生讲起过或学生了解这件事，因此，我们仍可作为"当仁不让"的注脚。

坚持"当仁不让"就要坚决反对"巧言令色"（《学而》），因为当仁不让是旗帜鲜明的态度，而巧言令色则是暧昧奸伪的态度。而且"巧言令色"者是不具备仁德的。朱熹《四书集注》注此四字曰"好其言，善其色，致饰于外，务以说人"，疏释十分准确，实质上是对善于花言巧语、伪善奸险者的批评。

6．学习方法

子贡问曰："孔文子①何以谓之'文'也？"子曰："敏而好学，不耻下问，是以谓之'文'也。"

——《公冶长》

---

① 孔文子：卫国大夫孔圉，文为谥。

子曰："我非生而知之者，好古，敏以求之者也。"

——《述而》

子曰："法语①之言，能无从乎？改之为贵。巽②与之言，能无说乎？绎③之为贵。说而不绎，从而不改，吾未如之何也已矣。"

——《子罕》

---

① 法语：符合礼法之语。
② 巽：顺从。
③ 绎：分析。

子曰："君子食无求饱，居无求安，敏于事而慎于言，就有道而正焉，可谓好学也已。"

——《学而》

子曰："温故而知新，可以为师矣。"

——《为政》

子曰："学而时习^①之，不亦说乎？有朋自远方来，不亦乐乎？人不知，而不愠^②，不亦君子乎？"

——《学而》

① 时习：经常温习。
② 愠：怨恨。

子夏曰："日知其所亡^①，月无忘其所能，可谓好学也已矣。"

——《子张》

① 所亡：所无，指自己不知道的东西。

子曰："吾尝终日不食，终夜不寝，以思，无益，不如学也。"

——《卫灵公》

子夏为莒父^①宰，问政。子曰："无欲速，无见小利。欲速，则不达；见小利，则大事不成。"

——《子路》

① 莒父：地名。

子曰："不曰'如之何^①，如之何'者，吾末^②如之何也已矣。"

——《卫灵公》

① 如之何: 怎么办。
② 末: 不知道。

　　达巷党人曰:"大哉孔子! 博学而无所成名。"子闻之, 谓门弟子曰:"吾何执? 执御乎? 执射乎? 吾执御①矣。"

——《子罕》

① 御: 赶马车。比喻自己像赶马车那样带领弟子赴道进德。

　　卫公孙朝①问于子贡曰:"仲尼焉学?"子贡曰:"文武之道②, 未坠于地, 在人。贤者识其大者, 不贤者识其小者。莫不有文武之道焉。夫子焉不学? 而亦何常师之有?"

——《子张》

① 公孙朝: 卫国大夫。
② 文武之道: 周文王、武王之道。

　　颜渊喟然叹曰:"仰之弥高, 钻之弥坚。瞻之在前, 忽焉在后。夫子循循然善诱人, 博①我以文, 约我以礼, 欲罢不能。既竭吾才, 如有所立卓②尔。虽欲从之, 末由也已③。"

——《子罕》

① 博: 丰富、增加。
② 卓: 独立(做事)。
③ 末由也已: 不知如何做了。

　　子曰:"君子不器①。"

——《为政》

① 不器：不受限量。

　　子夏曰："博学而笃志，切问而近思，仁在其中矣。"

——《子张》

　　子张学干禄。子曰："多闻阙疑，慎言其余，则寡尤^①；多见阙殆，慎行其余，则寡悔^②。言寡尤，行寡悔，禄在其中矣。"

——《为政》

---

① 寡尤：减少错误。
② 悔：懊悔。

　　子曰："由！诲女知之乎？知之为知之，不知为不知，是知也。"

——《为政》

　　子绝四：毋意^①，毋必^②，毋固^③，毋我^④。

——《子罕》

---

① 意：臆测。
② 必：固执。
③ 固：拘泥。
④ 我：自以为是。

　　子曰："吾有知乎哉？无知也。有鄙夫^①问于我，空空如^②也。我叩^③其两端而竭焉。"

——《子罕》

① 鄙夫: 鄙薄者。
② 空空如: 形容自己当时不了解。
③ 叩: 叩问。

子曰:"学而不思则罔,思而不学则殆。"

——《为政》

子曰:"博学于文,约之以礼,亦可以弗畔矣夫!"

——《颜渊》

子曰:"诵《诗》三百,授之以政,不达;使于四方,不能专对①;虽多,亦奚以为②?"

——《子路》

---

① 专对: 当时出使其他国家,交往时需以《诗》之文来应对。
② 亦奚以为: 有什么用处呢?

子贡问君子。子曰:"先行其言而后从之。"

——《为政》

子曰:"君子耻其言而过其行。"

——《宪问》

子曰:"古者言之不出,耻①躬之不逮②也。"

——《里仁》

---

① 耻: 以……为耻。
② 躬之不逮: 自己做不到。躬,自己的行动;逮,赶上。

子曰:"其言之不怍①,则为②之也难。"

——《宪问》

① 怍:大言不惭。
② 为:实行。

季文子三思①而后行。子闻之,曰:"再②,斯可矣。"

——《公冶长》

① 三思:反复考虑。
② 再:指经过考虑,不能机械地理解为二次。

端正学习态度,还要讲究学习方法,这样就会事半功倍。在具体学习方法上,孔子也有自己见解,而且不少见解确实能发人深省,至今仍有较高参考价值。具体说来大致有以下几个方面。

不耻下问,择善而从

"不耻下问"出于《公冶长》:

子贡问曰:"孔文子何以谓之'文'也?"

子曰:"敏而好学,不耻下问,是以谓之'文'也。"

孔圉事迹,在《左传》有五处记载,但都十分简单,难以印证"敏而好学,不耻下问"。然而,孔子所称应该有所根据,只是史料亡佚,至今无法了解而已。"敏"是敏捷,即聪明灵活。聪明灵活又好学,且具有不耻下问的精神,那么有什么学不好呢?

孔子"不耻下问"的事例甚多,如"子入太庙,每事问"，既是合礼，又是谦虚好学。他从学生身上学习一些对己有益的东西，也是见于记载的。

孔子是个大学问家，懂得许多其他人所不懂的东西，但他并不固步自封，而是不耻下问，从中汲取有价值的学问或知识。据《学而》记载：

> 子禽问于子贡曰："夫子至于是邦也，
> 必闻其政，求之与？抑与之与？"子贡曰：
> "夫子温、良、恭、俭、让以得之。夫子之求
> 之也，其诸异乎人之求之与？"

子禽问子贡，孔子到一邦国，必定要听取这个邦国的政事，是自己求教得到的还是他人主动告诉他的，子贡则认为是孔子为人温和、善良、严肃、节俭、谦让的德行得来的，夫子获得的方法与其他人不同。子贡是追随孔子时间较长的学生，对孔子了解应该比较深切，其说是可信的。子贡所说从他人处获得的方式不同，可能还要包括孔子自己观察、思考、悟解等等，但至少向他人求教是一条途径。如果此说可以成立，那么这不是孔子"不耻下问"的重要根据吗？孔子自称不是"生而知之者"，而是好学，"敏以求之者"（《述而》），这当然包括向学问不如他的人学习，这也是不耻下问。

不耻下问还需要择善而从。《论语》中有不少有关择善而从的资料。"三人行，必有我师焉。择其善者而从之，其不善者而改之。"（《述而》）所谓"三人"并非确指三个人，而是几个人的意思，孔子之意是，即使几个人一起走路，也一定有在某些地方超过我的人，我只是汲取其中好的东西，改正不好的东西。孔子还说过："多闻择其善者而从之；多见而识之；知

之次也。"(《述而》)"法语之言，能无从乎？改之为贵。巽与之言，能无说乎？绎之为贵。说而不绎，从而不改，吾末如之何也已矣。"(《子罕》)这些都是择善而从。

当然，择善而从不是等着比自己"善者"来教导自己，而是要主动求教，虚心学习。他说："君子食无求饱，居无求安，敏于事而慎于言，就有道而正焉，可谓好学也已。"(《学而》)"有道"指具有相当高道德水准者，"就有道"便是主动向这些人学习道德，当然是"择善而从"的意思。

不耻下问、择善而从对我们具有极大的启示意义。

温故知新，循序渐进

"温故知新"讨论新旧知识的关系，此语出于《为政》，确实至今仍是启人深思。《论语》首句"学而时习之，不亦说乎"，即学习后要时常复习，加以巩固，这不是很快乐的事吗？其含义包含温故知新，因为在不断的复习旧知识中，也可以发现新的知识。孔子的学生子夏曾经说过："日知其所亡，月无忘其所能，可谓好学也已矣。"(《子张》)每天知道自己所不知道的东西，每月复习不要忘记自己掌握的东西，这就可以说是好学者了。子夏此语倒是深得孔子"温故知新"三昧。因为在每天学习中充实新的知识，是"知新"，每月不忘记已掌握的知识，是"温故"。学习就是靠着这样的积累，一步一步地向前发展的。

孔子自称："吾尝终日不食，终夜不寝，以思，无益，不如学也。"(《卫灵公》)"思"是基于原有掌握的知识之上的，是"温故"，企望从中获得新知识，"不如学"当然是学习新知识，显然，这条资料也是"温故知新"的根据。

在孔子看来，学习有个积累过程，是循序渐进的，并非一蹴而就。《子路》载："子夏为莒父宰，问政。子曰：'无欲速，无见小利。欲速，则不达；见小利，则大事不成。'"此段虽是子夏问政，但实际是问如何学到"为政"的方法，孔子表示"欲速则不达"，即学习不应该贪快求小利，而是脚踏实地，一步一步来，即循序渐进。上引"譬如为山，未成一篑，止，吾止也。譬如平地，虽覆一篑，进，吾往也"一段，其中包含着学习应该有个节奏的意思，就像堆土成山那样。

《季氏》载："鲤趋而过庭。曰：'学《诗》乎？'对曰：'未也。''不学《诗》，无以言。'鲤退而学《诗》。他日，又独立，鲤趋而过庭。曰：'学礼乎？'对曰：'未也。''不学礼，无以立。'鲤退而学礼。""无以言"指不会说话，"无以立"指立世。可见，孔子对孔鲤从应对言语到为人立世，逐步告诉他应该学习《诗》、礼，只有一样一样学习，才能真正立身处事。

温故知新实际上是一个思考与创新的关系，即在旧知识的基础之上，经过不断思虑与探索，寻求新知识。因此，孔子对不愿思考探索者提出批评："不曰'如之何，如之何'者，吾末如之何也已矣。"（《卫灵公》）一个人只是被动接受知识，不去考虑怎么办，如何能获得新知识呢？因此孔子对这种人说"我也不知道怎么办了"。你自己不思考，不主动，他人对你还有什么办法呢？显然，孔子的意见是正确的，学习应该积极主动，否则就一事无成。

博学深思，多闻阙疑

博学深思是孔子在教学上的一贯主张，他自己也身体力行，上面列举的"吾尝终日不食，终夜不寝，以思，无益，不如学也"，就是明证之一。

实际上，孔子是相当博学之人，当时之人已经肯定了他的博学：

> 达巷党人曰："大哉孔子！博学而无所成名。"子闻之，谓门弟子曰："吾何执？执御乎？执射乎？吾执御矣。"（《子罕》）

达巷党人承认孔子"博学"，但说他"无所成名"，然而孔子以"执御""执射"的比喻来说明自己的志向，"执射"是射利成名，而"执御"是比喻赶马车那样来带领弟子赴道进德。他的学生也说："夫子焉不学？而亦何常师之有？"（《子张》）因此，我们可以肯定孔子确实是十分博学的，这在其他史书中也有根据。这里随便举上几条：

> 冬十二月，螽。季孙问诸仲尼。仲尼曰："丘闻之，火伏而后蛰者毕。今火犹西流，司历过也。"（《左传·哀公十二年》）
>
> 叔孙氏之车子鉏商获麟，以为不祥，以赐虞人。仲尼观之，曰："麟也。"然后取之。（《左传·哀公十四年》）
>
> 夏四月，取郜大鼎于宋，戊申纳于大庙。……孔子曰："名从主人，物从中国，故曰郜大鼎也。"（《穀梁传·桓公二年》）
>
> 春，王正月，戊申，朔，陨石于宋，五。……是月，六鹢退飞，过宋都。……子

曰："石，无知之物；鹢，微有知之物。石无
知，故日之；鹢微有知之物，故月之。君子之
于物，无所苟而已。"(《穀梁传·僖公十六
年》)

季桓子穿井，获如土缶。其中有羊焉。
使问之仲尼曰："吾穿井而获狗，何也？"对
曰："以丘之所闻，羊也。丘闻之：木石之怪
曰夔、蝄蛳，水之怪曰龙、罔象，土之怪曰羵
羊。"(《国语·鲁语下》)

第一条讲天文，第四条中的"陨石"亦属天文，第二、
第四、第五条讲动物，第三条讲前代故物。显然，这
些都是当时许多人已经不了解的事，甚至连专门的司
历者都弄错了。

正因为孔子博学，所以他在教学上倡导"学而不
厌"，以此培养学生博学多识。他强调："君子博学于
文，约之以礼，亦可以弗畔矣夫！"(《雍也》)博学于
文就是君子在文化知识上的基本要求。最典型的一
条资料出于《子罕》：

颜渊喟然叹曰："仰之弥高，钻之弥坚。
瞻之在前，忽焉在后。夫子循循然善诱人，博
我以文，约我以礼，欲罢不能。既竭吾才，如
有所立卓尔。虽欲从之，末由也已。"

颜渊赞颂孔子"夫子循循然善诱人，博我以文，
约我以礼，欲罢不能"，不正是明确表现出孔子倡导
博学吗？我们还可以从《论语》中有关孔子教导学生
的内容来分析，孔子对学生所说的内容，可以说是极
其广泛的，这不正是培养学生博学多识吗？

在孔子看来，"君子不器"(《为政》)，器是指容
器，含义是受到限制或局限。不器是指不应该受到局

限。当然，在现在看来，人的认识总是受到时代的局限，受到种种条件的限制，而且人的认识不可能穷尽万物而无限制。但在古代，学者们都认为可以"穷尽"天下的知识。孔子也未能免俗。从"君子不器"一语，我们至少可以看出孔子的意思是：君子这种人应该是知识面极广，应该博学，而不应受到任何限制或局限。

孔子博学思想对学生影响很大，上述颜渊所说是一例，子夏说"博学而笃志，切问而近思，仁在其中矣"（《子张》）也可作为明证，因为这段话确实与孔子思想完全一致，显然表现出子夏受到孔子的影响。

博学深思需要多闻阙疑。在《为政》中有条记载：

> 子张学干禄。子曰："多闻阙疑，慎言其
> 余，则寡尤；多见阙殆，慎行其余，则寡悔。
> 言寡尤，行寡悔，禄在其中矣。"

虽然这一段是教育子张学干禄的话，但是，它同时透露了如何学习，对我们不无启示。"多闻阙疑"、"多见阙殆"，显然是要求在原有知识的基础上来增加自己的知识，它是一条扩充自己知识的重要途径，是博学的重要方法。孔子自己评价过自己："盖有不知而作之者，我无是也。多闻，择其善者而从之；多见而识之；知之次也。"（《述而》）不懂得而凭空造作者，孔子是否定的，而且说自己并不是这样的人，他的主张则是多闻、多见。

"多闻阙疑"、"多见阙殆"就要求自己实事求是地去追求知识。孔子教诲子由说："知之为知之，不知为不知，是知也。"（《为政》）这就是强调实事求是，这是在追求知识过程中应该采取的基本态度。实事

求是也要求自己防止一切错误倾向，《子罕》中提到的"子绝四：毋意，毋必，毋固，毋我"便是明证。"毋意，毋必，毋固，毋我"指不要悬空揣测，不要绝对肯定，不要拘泥固执，不要唯我独是，这些都可以作为"多闻阙疑"、"多见阙殆"的注脚。

孔子主张在博学的同时，必须认真思考，经过思考才获得比较正确的知识，以便真正地掌握它们。也就是说，博学又经过深思，从原有知识中可以生发出新知识，以便自己掌握新知识。《公冶长》载：

> 子谓子贡曰："女与回也孰愈？"对曰："赐也何敢望回？回也闻一以知十，赐也闻一以知二。"子曰："弗如也；吾与女弗如也。"

孔子肯定颜回学后能深思，从而闻一知十，显然是倡导博学深思的意思。《子罕》中载：

> 子曰："吾有知乎哉？无知也。有鄙夫问于我，空空如也。我叩其两端而竭焉。"

鄙夫所问，正是孔子所不知道的东西，而孔子经过"叩其两端"，推导出自己原来不知道的知识。

在学思关系上，孔子强调不可偏废。他说："学而不思则罔，思而不学则殆。"（《为政》）只学不思会迷茫，而只思（实指空想）不学则会懈惰，最终使自己对进学失去信心。

孔子在博学深思、多闻阙疑上的论述，确实很有创见，值得我们予以高度关注与仿效。

学以致用、言行并重

在学习方式上，孔子主张学以致用，言行并重。这里首先讨论学以致用。在《论语》中，孔子所谓的

243

"行"含义十分丰富,除了指道德上践履外,还有行事处世等等意思。学以致用实际是指"行",即包括道德践履、行事处世等等内容。孔子在学行关系、言行关系上的论述,确实是十分精彩的。

学习的目的在于行,即学以致用。孔子说:"诵《诗》三百,授之以政,不达;使于四方,不能专对;虽多,亦奚以为?"(《子路》)孔子强调即使熟读《诗》三百,但不能学以致用,那么还会有什么用呢?如果是学而不能运用到实践中去,那还要学干什么呢?学而无用,那只能是空头理论,是不切实际的东西。

在孔子学行关系的论述中,还须注意"学"的内容问题,因为在《学而》中曾说:"弟子,入则孝,出则悌,谨而信,泛爱众,而亲仁。行有余力,则以学文。""弟子"是后生小子的意思,"入则孝,出则悌,谨而信,泛爱众,而亲仁"虽是侧重于"行",主要是从"道德践履"角度立论,但"行"是基于"学"之上的,"学"则可以从亲属、老师、朋友教导之中获得,也可以从当时一些书籍中获得。显然,并非孔子先"行"后"学"。"行有余力,则以学文","行有余力"是指在道德践履之后,还须从历代文献中学习历史知识、文学语言等内容,来充实提高自己。因而,孔子的论述仍是"学行并重"。

孔子十分看重"行",因为作为一个道德高尚的具有理想人格素质的"君子",必须"先行其言,而后从之"(《为政》)。也就是说,如果把一个人的行事处世分为言、行两大方面的话,言表示自己的主张或学说,行表示自己行事处世的具体做法,那么君子要"先行",即用自己的行为先兑现自己的主张或学说，然后再把它们说出来。这就是君子的做法。孔子认为，君子出言必须慎重，而践履则须敏捷勤奋，决不可言过其行。孔子说"君子耻其言而过其行"（《宪问》）、"君子欲讷于言而敏于行"（《里仁》）便是明证。"讷"是谨慎之意，"敏"是敏捷勤奋，这段话反映出孔子反对言过其行、强调君子"敏于行"的思想，体现出孔子在"言行"关系上的主张。孔子还以古之君子为例来说明言行关系。"古者言之不出，耻躬之不逮也。"（《里仁》）"耻躬之不逮"的"古者"当然是指古代君子，而决非一般人等。因此，孔子自己表述："文，莫吾犹人也。躬行君子，则吾未之有得。"（《述而》）这里，孔子自述在书本知识方面大致与别人差不多，但在"君子"道德践履（行）方面还有缺陷。我们不管这是不是孔子的自谦，但至少可以看出他对"行"的重视。

在言行关系上，孔子认为不能听了某人之"言"就信以为真，如此就可能被假象所迷惑。孔子本人也有个认识过程。如上引孔子之语，"始吾于人也，听其言而信其行；今吾于人也，听其言而观其行。于予与改是"（《公冶长》），正可说明孔子对言行关系上的认识过程。可见，过去孔子一度"听其言而信其行"，而经过实践，他终于认识到要"听其言而观其行"，不能盲信他人之言。因为在许多时候，大言不惭者比比皆是，而真正实行起来是极其困难的："其言之不怍，则为之也难。"（《宪问》）

孔子提倡言行并重，也包含既要慎重行事，又不能犹豫不决的意思。如："季文子三思而后行。子闻之，曰：'再，斯可矣。'"（《公冶长》）"三思而行"语出于此。值得注意的是，"三思"是指久虑不决、过为谨慎之意，不能从字面上理解为思考"三次"，杨伯峻《论语译注》中引宦懋庸《论语稽》："文子生平盖祸福利害之计太明，故其美恶两不相掩，皆三思之病也。其思之至三者，特以世故太深，过为谨慎；然其流弊将至利害徇一己之私矣。"杨先生认为"此话不为无理"。"再"是再思，孔子之意是"只要经过思想便可以了"。显然，这里的"行"便是指"行事处世"。但行事处世毕竟反映出人的道德，如果《论语稽》的说法有道理的话，那么季文子"祸福利害之计太明"则反映其道德上的欠缺。孔子对季文子的评价，反映了"学""行"关系，揭示了道德的重要性。

六、理想与现实：孔子思想的悲剧

　　前面分别阐述了孔子在理想的社会、理想的国家制度、理想的人格以及他们的行为方式、理想的教育思想等方面的内容，涉及问题颇多，实际上是孔子勾勒出的一幅理想主义的远景。但是，值得强调指出的是，孔子的理想主义思想，具有超前意识，与当时社会现实确有相当大的隔阂，甚至有些地方完全是格格不入的。因此，在理想与现实之间出现了很大的矛盾，导致孔子坎坷不平的一生，他的理想主义的学说不能在当时盛行，不能被一些国君、执政者乃至普通百姓接受，不能为整个社会容纳，因此只能十分悲惨地退出了历史舞台。然而，孔子那超前的理想主义思想与构建的理想社会、理想国家的蓝图，以培养君子为目的的理想主义教育思想，又为后世统治者提供了某些值得借鉴的地方，因而被接受，乃至最终大行于天下，成为统治阶级的思想武器。

　　下面，我们分析孔子理想主义思想与现实生活之间的矛盾，以揭示孔子理想主义思想为何不能在当时光大的原因，同时还将归纳出他的理想主义思想的价值在何处。如此，我们就比较容易理解孔子的一生，也就比较能看清孔子思想的实质。

1. 理想与现实的矛盾

卫灵公问陈①于孔子。孔子对曰:"俎豆之事②,则尝闻之矣;军旅之事,未之学也。"明日遂行。

——《卫灵公》

---

① 陈:同阵,战阵,意指兵法。
② 俎豆之事:俎豆均为容器,祭祀时用它盛物。此指代礼仪制度。

齐人归①女乐②,季桓子③受之,三日不朝,孔子行。

——《微子》

---

① 归:通馈,馈赠。
② 女乐:歌姬舞女。
③ 季桓子:季孙斯,鲁国执政上卿。

陈成子弑简公。孔子沐浴而朝,告于哀公曰:"陈恒弑其君,请讨之。"公曰:"告夫三子!"

孔子曰:"以吾从大夫之后,不敢不告也。君曰'告夫三子'者!"

之三子告,不可。孔子曰:"以吾从大夫之后,不敢不告也。"

——《宪问》

长沮、桀溺①耦而耕②,孔子过之,使子路问津③焉。

长沮曰:"夫执舆者④为谁?"

子路曰:"为孔丘。"

曰:"是鲁孔丘与?"

曰："是也。"

曰："是知津矣。"

问于桀溺。

桀溺曰："子为谁？"

曰："为仲由。"

曰："是鲁孔丘之徒与？"

对曰："然。"

曰："滔滔者天下皆是也，而谁以易⑤之？且而⑥与其从辟⑦人之士也，岂若从辟世⑧之士哉？"耰⑨而不辍。

子路行以告。

夫子怃然⑩曰："鸟兽不可与同群，吾非斯人之徒与而谁与？天下有道，丘不与易也。"

——《微子》

---

① 长沮、桀溺：当时两位隐士。

② 耦而耕：即耦耕，古代一种耕种方式。

③ 问津：问路。

④ 执舆者：抓住马的缰绳者。执舆者原为子路，然子路去问津，故孔子执舆。

⑤ 易：改易。

⑥ 而：你。

⑦ 辟：同避，逃避、躲避。

⑧ 世：社会。

⑨ 耰：播种后，将土盖在种子上，称耰。

⑩ 怃然：怅然失意之态。

子路宿于石门①。晨门②曰："奚自③？"子路曰："自孔氏。"曰："是知其不可而为之者与？"

——《宪问》

---

① 石门：地名。郑玄《论语注》称之为鲁城外门。

② 门：守门者。
③ 奚自：从哪里来。

子击磬于卫，有荷蒉①而过孔氏之门者，曰："有心哉，击磬乎！"既而曰："鄙哉，硁硁②乎！莫己知③也，斯己而已矣。深则厉，浅则揭④。"

——《宪问》

---

① 荷蒉：挑筐。
② 硁硁：击磬的声音。
③ 莫己知：莫知己，没有人知道自己。
④ 深则厉，浅则揭：出于《诗·邶风·匏有苦叶》："匏有苦叶，济有深涉。深则厉，浅则揭。"意为当时社会政治黑暗。

叔孙武叔①毁仲尼。子贡曰："无以为也！仲尼不可毁也。他人之贤者，丘陵也，犹可逾也；仲尼，日月也，无得而逾焉。人虽欲自绝，其何伤于日月乎？多见其不知量也。"

——《子张》

---

① 叔孙武叔：鲁国大夫州仇。

陈子禽谓子贡曰："子为恭也，仲尼岂贤于子乎？"

子贡曰："君子一言以为知，一言以为不知，言不可不慎也。夫子之不可及也，犹天之不可阶而升也。夫子之得邦家者，所谓立之斯立，道之斯行，绥①之斯来，动之斯和。其生也荣，其死也哀，如之何其可及也？"

——《子张》

---

① 绥：绥抚。

在陈^①绝粮, 从者病, 莫能兴^②。子路愠见曰: "君子亦有穷乎? "

子曰: "君子固穷, 小人穷斯滥^③矣。"

——《卫灵公》

---

① 陈: 诸侯国, 原封地在河南, 后扩大到安徽。
② 兴: 起来。
③ 滥: 胡作非为。

子曰: "已矣乎! 吾未见好德如好色者也。"

——《卫灵公》

子曰: "我未见好仁者, 恶不仁者。好仁者, 无以尚之; 恶不仁者, 其为仁矣, 不使不仁者加乎其身。有能一日用其力于仁矣乎? 我未见力不足者。盖有之矣, 我未之见也。"

——《里仁》

子在陈, 曰: "归与! 归与! 吾党之小子^①狂简, 斐然成章, 不知所以裁^②之。"

——《公冶长》

---

① 吾党之小子: 孔子自指在陈的学生。
② 裁: 教导、教育。

子曰: "甚矣吾衰也! 久矣吾不复梦见周公! "

——《述而》

季氏富于周公, 而求^①也为之聚敛而附益^②之。子曰: "非

251

吾徒也。小子鸣鼓而攻之可也。”

——《先进》

---

① 求:冉求。
② 附益:增加。

众所周知,孔子所生活的春秋时期,出现了"礼崩乐坏"的局面,东周王室早已式微,天子之权名存实亡,而各地诸侯崛起,互相为争夺土地、财富、人民而混战不休,甚至一些大夫都拥有相当实力,可以在国内耀武扬威,为所欲为。据史书记载,诸侯朝聘之礼废阙,不向周王室贡赋,而周王室只得向一些诸侯"求金"、"求赙"、"求车"、"告饥"。对此现象,《穀梁传·桓公十五年》曾明确说道:"古者诸侯时献于天子,以其国之所有,故有辞让,而无征求。求车,非礼也;求金,甚矣!"《公羊传·隐公三年》释"武氏子来求赙"说:"武氏子者何?天子之大夫也。其称武氏子何?讥。何讥尔?父卒子未命也。何以不称使?当丧未君也。武氏子来求赙,何以书?讥。何讥尔?丧事无求,求赙,非礼也,盖通于下。"显然,周王室衰弱,礼仪制度沦丧,社会面临着重大变更,诸侯竟然可以召来天子,废弃"告朔饩羊"制度,相互征伐,甚至祭泰山、用八佾乐舞,唱着《雍》撤除祭祖的祭品,正如刘向所称:"春秋之后,众贤辅国者既没,而礼义衰矣。"(《战国策序》)

对于春秋时期这种礼崩乐坏、诸侯坐大的局面,孔子当然极其哀伤。他向往西周那种大一统盛世,企望恢复能够规范上至国君、下至百姓的礼仪制度,因此，他提出了自己的理想主义的思想主张，以挽救颓势，使社会沿着平稳、和谐、富足的道路发展。正如我们前面所论述的那样，孔子企望建立理想社会就是类似文、武、周公统治时期的西周大一统社会，他迫切希望恢复的是切合时势演变的合时适俗之礼，他希望执政者采用教化与刑罚两手作为保持社会稳定、促进社会经济发展的措施。孔子还提出自己对理想国家的一系列看法，在这个理想国家中应该有理想的统治秩序，有理想的君臣关系和君民关系，理想国家应该展现出一个有着规范礼制、刑律得当、稳定和谐的社会态势。在孔子看来，这个社会的实现，与个人关系极大，因此他极其强调个人道德修养，企望培养出更多既有较高道德水准、又有文化知识的君子。他强调个人道德修养与社会准则之间的必然的联系。为此，他设计出一整套以道德修养为核心的理想人格理论，论述了人的行为准则，提出一整套探索教育规律、培养人才的理想主义的教育思想。

然而，残酷的现实无情地击破了孔子的美梦，将他构建的理想主义的蓝图彻底撕碎。当时诸侯坐大，大夫崛起，众人迷信权力与金钱，并不在意孔子提出的那套理想主义的思想。事实上，孔子理想主义思想很少有人真正愿意来实施，因而孔子周游诸国，游说诸侯，却被人冷嘲热讽，到处碰得头破血流。他与自己的弟子畏于匡，陷于陈，经常陷入绝境。

下面，我们根据有关史料来说明孔子理想主义思想在当时的处境，以揭示它与社会现实之间的矛盾。

孔子一直对自己的学问十分自信，以为自己"下

孔子墓

学而上达"，他的学生也经常赞扬老师的学问。然而，这位学博识深的思想家，却无法真正展现自己的风采，无法更大范围地传播自己的学术思想。

客观地说，他的一整套理想主义理论，在当时乃至此后相当长的一段时间内仍属于比较先进的。然而上至诸侯、下至百姓，并无太多的理解与支持者，孔子无法实现自己的理想，这对他来说无疑是一个重大打击。我们可以看到，孔子与弟子们几乎是苦行僧式地践履着，四处宣扬这种理想主义思想，然而，他们四处碰壁，屡受挫折。

当时的执政们对孔子思想持怎么样的态度呢？其实，当时社会礼崩乐坏，实力决定着诸侯、大夫的话语权的大小，并没有多少诸侯愿意听他的说教，而诸侯们更关心的是军旅之事，希望得到更多的田赋，追求声色享受。他们需要的是急功近利式的富国强兵具体措施，而不是建立远大理想的蓝图。对他们来说，孔子这一套理想主义思想只是空洞的说教而已。因此，孔子带着弟子周游列国，却到处碰壁。如《微子》记载孔子游说齐景公，景公说"吾老矣，不能用也"，孔子只得离开齐国。这是孔子早年之事。而《卫灵公》记载的卫灵公问孔子"阵法"，孔子回答"俎豆之事，则尝闻之矣；军旅之事，未之学也"（《卫灵公》），第二天不得不离开卫国。这是孔子晚年之事。

至于孔子思想未被诸侯国执政的大夫重视与采纳，在《论语》中也有不少资料可资印证。最典型者是《微子》中季桓子受齐国女乐，"三日不朝，孔子行"。执政季桓子根本不理孔子的思想理念，只图享受，孔子的理想主义怎么能在此间实现呢？《宪问》中载陈成子杀齐简公事，孔子先后向鲁哀公、三大夫报告，希望他们出兵讨伐陈成子。但哀公、三大夫都没有理睬他，孔子只得自嘲地说："以吾从大夫之后，不敢不告也。"孔子意思是：自己忝为大夫，不敢不报陈成子杀齐简公之事，显示自己对违背礼制规范举动的反对态度，但执政们不听，他又有什么办法呢？

在民众方面，孔子的理想主义也不能被广大民众接受。《论语》中，我们可以看到荷蓧丈人、长沮、桀溺对孔子的态度，使孔子更为清楚地感受到"道之不行"（《微子》），这不正是这一现实的写照吗？《宪问》载："子路宿于石门。晨门曰：'奚自？'子路曰：'自孔氏。'曰：'是知其不可而为之者与？'"这段话几乎可以说是时人对孔子理想主义思想的基本看法，因为连看门者都瞧不起这位理想主义的大思想家，认为他是"知其不可而为之者"，这不是孔子理想主义思想与现实社会之间的矛盾吗？这真是时代的悲剧！其实，从世界思想史的发展来看，并非每一位思想家都能像黑格尔那样荣幸，在世时就受到足够的重视并能获得崇高的地位，许多思想家，尤其有较多超前意识的理想主义思想家，往往在世时难以受到重视与理解，甚至还会受到很不公正的对待乃至迫害。这种例证是举不胜举的。孔子就是明显的一例。

《子张》记载叔孙武叔毁孔子之事，虽然子贡为其师大力辩解："无以为也！仲尼不可毁也。他人之贤者，丘陵也，犹可逾也；仲尼，日月也，无得而逾焉。人虽欲自绝，其何伤于日月乎？多见其不知量也。"这段记载明显可见当时就有人诋毁孔子，充分说明时人对孔子理想主义思想的那种不理解、不支持、不接受的态度！刘向曾说："孔子虽论《诗》、《书》，定礼乐，王道粲然分明，以匹夫无势，化之者七十二人而已，皆天下之儁也，时君莫尚之，是以王道遂用不兴。"（《战国策序》）刘向所说"时君莫尚之"，大约是当时现实社会的真实写照。

正由于世人对孔子理想主义思想的不理解、不支持、不接受，使孔子深切地感到天下没有人了解他，他甚至叹息："不怨天，不尤人。下学而上达。知我者其天乎！"（《宪问》）这一"知我者其天乎"的感叹，不正是说明他的理想主义思想不被世人接受的事实吗？理想主义者与现实之间确实存在许多难以弥合的鸿沟，理想主义者是孤独的、痛苦的。《卫灵公》记载孔子"在陈绝粮，从者病，莫能兴"，子路对此窘状十分光火，孔子却自嘲地说："君子固穷，小人穷斯滥矣。"这不是显示出孔子四处奔波，极力宣扬自己的理想主义思想，却与现实不接受它之间的矛盾吗？显然，孔子也知道自己的理想与现实确实存在着矛盾，无法展示他的理想与实现他的抱负。应该说，他的自评还是比较客观、清醒的。

实际上，孔子对当时残酷的现实也深有了解，比较清楚地了解自己的理想是难以实现的。他曾说："道之将行也与，命也；道之将废也与，命也。"（《宪问》）将"道"是否能推行说成是"命"中注定，实际是孔子自我解嘲而已。

我们再看孔子在实施理想主义教育上的情况。培养出更多的道德高尚的君子，改变当时的社会现状，是孔子一生的追求。孔子反复强调要"志于道"，教导与鼓励弟子为"道"而奋斗，然而，他的理想并没有得到实现，他的学说也没引起更多人的兴趣与重视。孔子在教育上大力提倡的"德"，很少有人遵循，因此他哀叹"知德者鲜矣"（《卫灵公》），甚至十分悲伤地说道："吾未见好德如好色者。"（《子罕》）正如前面我们说到的那样，孔子力陈"朝闻夕死"，然而这种"朝闻夕死"的理想主义观点，在当时有多少人在追求它呢？现实就是这样残酷无情！在《里仁》中，孔子悲伤地说道："我未见好仁者，恶不仁者。好仁者，无以尚之；恶不仁者，其为仁也，不使不仁者加乎其身。有能一日用其力于仁矣乎？我未见力不足者。盖有之矣，我未之见也。"（《里仁》）此段亦可与子路问仁联系起来看。"力不足"是中道而废，"未见好仁者，恶不仁者"，真是时代的悲剧。

事实上，孔子理想主义的教育思想实际在当时也难以推广。虽说史称孔子有弟子三千，贤者七十有二，事实上，这七十二贤者是大有疑问的。因为被称之为贤者的弟子中，孔子显然对许多人是不满意的，这可以从《论语》中孔子对他们的评价中清楚地看出，无须多费笔墨。孔子在陈，曾经说过："归与！归与！吾党之小子狂简，斐然成章，不知所以裁之。"（《公冶长》）"裁"即指导之意，显然，孔子对"吾党小子狂简，斐然成章"极为不满，产生归乡之意，只能证明他对自己理想主义的教育产生了困惑。孔子晚年甚至说道："甚矣吾衰也！久矣吾不复梦见周公。"（《述而》）"不复梦见周公"，可以说是孔子对自己理想破灭的无奈哀叹。

而孔子所培养的弟子中，甚至还有一些人为虎作伥。如冉求不听孔子劝告，坚持为季氏搜括百姓。于是，孔子大声疾呼："非吾徒也。小子鸣鼓而攻之，可也。"（《先进》）一位毕生以培养君子为目标的思想家，所培养的弟子竟然堕落成他人搜括百姓的帮凶，这不能不使人扼腕长叹！

我们前面也提及，孔子并不反对弟子们当官，自己也曾当过官，总想干出一番伟大事业。但是为什么他对曾皙"莫春者，春服既成，冠者五六人，童子六七人，浴乎沂，风乎舞雩，咏而归"大加赞赏，并说"吾与点也"。据《史记·仲尼弟子列传》可知，公西华小孔子42岁，这段记载应该是孔子晚年之事。说到底，孔子对自己理想主义的思想不能被诸国执政理解、接受十分伤心，并对诸国政局大为失望，因而有"吾与点也"的感叹，萌生退归田园的想法。《史记·孔子世家》称："季氏亦僭于公室，陪臣执国政，是以鲁自大夫以下皆僭离于正道。故孔子不仕，退而修诗书礼乐，弟子弥众，至自远方，莫不受业焉。"这一记载不能理解为孔子主动不仕，实际是限于当时社会现实条件，他不得不如此！孔子曾自负地说："苟有用我者，期月而已可也，三年有成。"（《子路》）但有几位诸侯、执政者真心实意地想起用他呢？有多少人会听取他的理想主义的思想观点呢？

《史记·仲尼弟子列传》记载孔子一段话："天下无行，多为家臣，仕于都，唯季次未尝仕。"意思是天下人不重品行，大多去作卿大夫的家臣，到列国之都去当官，只有季次不曾这样做。当然，我们并不能以此认为仅季次一人坚守自己志节，一心向善，但毕竟当时是绝大多数士都希望担任官职，以求俸禄，而忽视自己的道德修养。这对孔子来说，无疑是一种重大打击。现实与理想之间存在着难以弥合的鸿沟。

2. 孔子理想主义思想的价值

子在川上①，曰："逝者如斯夫！不舍②昼夜。"

——《子罕》

① 川上，河边。
② 舍：同捨。

子贡曰："管仲非仁者与？桓公杀公子纠，不能死，又相之。"子曰："管仲相桓公，霸诸侯，一匡天下，民到于今受其赐。微①管仲，吾其被发左衽矣。岂若匹夫匹妇之为谅②也，自经③于沟渎而莫之知也？"

——《宪问》

259

① 微: 要不是。
② 谅: 小信用。
③ 自经: 自杀。

　　或问禘之说。子曰: "不知也; 知其说者之于天下也, 其如示诸斯乎!" 指其掌。

——《八佾》

　　子贡欲去告朔之饩羊①。子曰: "赐也! 尔爱②其羊, 我爱其礼。"

——《八佾》

① 告朔饩羊: 古代一种制度。朔为每月初一。每年秋冬之交, 天子将次年历书颁发给诸侯, 称 "颁告朔"。诸侯则藏历于祖庙, 每月初一须杀活羊一只祭庙, 然后回朝廷听政。祭庙称告朔, 听政称听朔或视朔。
② 爱: 可惜。

　　子张问于孔子曰: "何如斯可以从政矣?"
　　子曰: "尊五美, 屏四恶, 斯可以从政矣。"
　　子张曰: "何谓五美?"
　　子曰: "君子惠①而不费②, 劳③而不怨, 欲④而不贪, 泰⑤而不骄, 威⑥而不猛⑦。"
　　子张曰: "何谓惠而不费?"
　　子曰: "因民之所利而利之, 斯不亦惠而不费乎? 择可劳而劳之, 又谁怨? 欲仁而得仁, 又焉贪? 君子无众寡, 无小大, 无敢慢⑧, 斯不亦泰而不骄乎? 君子正其衣冠, 尊其瞻视, 俨然人望而畏之, 斯不亦威而不猛乎?"
　　子张曰: "何谓四恶?"
　　子曰: "不教而杀谓之虐⑨; 不戒视成谓之暴⑩; 慢令致期

谓之贼⑪；犹之与人也，出纳之吝⑫谓之有司⑬。"

——《尧曰》

① 惠：施恩惠。
② 费：耗费。
③ 劳：使……劳，即使百姓勤劳地干活。
④ 欲：企望获得。此指获得仁义。
⑤ 泰：矜持。
⑥ 威：威严。
⑦ 猛：凶恶。
⑧ 慢：怠慢。
⑨ 虐：残暴、虐待。
⑩ 暴：凶恶。
⑪ 贼：伤害。
⑫ 吝：吝啬。
⑬ 有司：古代官府统称。《论语译注》译为小家子气，似可。

子曰："志士仁人，无求生以害仁，有杀身以成仁。"

——《卫灵公》

子曰："三军可夺帅也，匹夫不可夺志也。"

——《子罕》

尽管孔子理想主义思想不为当时社会所接受，但我们不能以"成败"来论英雄，其实，孔子的超前的理想主义思想确实具有较高的价值。

在我们看来，判断某一思想家思想的进步与否，不能从"当今社会"的观念出发来加以评价，而是应该从被评论的对象所处的历史条件来客观分析，主要看他比前人多提供了哪些有价值的思想，抑或在前人的基础上倒退了多少。如果我们基于这一评价的立场来分析孔子，那么就应该更多地肯定孔子思想的时代意义。当然,我们必须区分开后代儒学家的思想观点与孔子的观点之间的联系与差别,不可混淆起来,更不能将后世儒学某些不正确的观点、做法,对历史发展的某些堕性的账算到孔子头上去。

基于此,笔者认为孔子理想主义的思想确实有不少值得肯定的内容,尤其是他超前的一些观点,更是需要我们加以理性地认识,客观地评价,谨慎地借鉴的。在笔者看来,孔子理想主义思想至少在以下几个方面对后世统治者有参考与借鉴的价值。

第一,承认社会发展趋势。

虽然孔子没有也不可能了解当时的"礼崩乐坏"蕴含着重大的社会变更的信息,也不可能"预见"这些变动对中国历史发展的某些重大意义,但是,我们必须指出,曾发过"逝者如斯夫! 不舍昼夜"(《子罕》)感叹的孔老夫子,并没有否认社会变动,也没有反对社会发展,更不是像老子那样主张回到"小国寡民"时代去! 我们从他主张的适时从俗的礼可以看出,他主张将那些不适合历史发展潮流的"古礼"摈弃,要求将符合当时人们习俗的"今礼"吸纳到礼制的范畴中去。这显然是一种进步的主张,对后代也有启示意义。其实,孔子主张大一统,反对当时不义战争,应该说也是符合社会发展趋势的。孔子说过:"管仲相桓公,霸诸侯,一匡天下,民到于今受其赐。微管仲,吾其被发左衽矣。岂若匹夫匹妇之为谅也,自经于沟渎而莫之知也!"(《宪问》)至少我们从这段记载中可以看出两点,一是孔子对"一统天下"的渴望,强调大一统;二是认为齐桓公、管仲为免除百姓退回到"被发左衽"的时代作出了贡献,肯定了社会的进

孔子像

步。其实，这里面不正是体现出承认社会发展趋势的思想吗？因此，我们不必否认孔子在社会发展问题上的进步性。

第二，维护社会规范，强调社会安定。

所谓维护社会规范，是指孔子要求在"礼"的规范下调整好社会各阶级、各阶层的关系，以维护社会安定。这里，我们应该从当时的时代条件去加以客观地分析。孔子提倡维护社会规范，强调社会安定，毕竟在当时的历史条件下有进步作用，至少对后世、现代都有一定的参考价值或借鉴意义。

在笔者看来，所谓礼制，其实质就是当时法律、法规或说规范，它对社会的稳定确实是有一定的作用的，我们不能想象在一个没有礼制的国家中会出现稳定的政局。因而，我们不能否定一个社会中的礼仪制度的重要性，而是要从当时的实际条件出发来认识它们、分析它们。孔子批评了那些破坏礼仪的诸侯与执政大臣，如他反对诸侯、执政大臣们争权夺利，反对季氏祭泰山、舞八佾，反对仲孙、叔孙、季孙三家以《雍》彻，反对诸侯用"禘"这种祭礼，反对以臣弑君，反对穷兵黩武，反对弃用"告朔"仪式，等等，这一切，应该说孔子并无不对之处。反之，我们能认为在破坏礼制的前提下，祭泰山、舞八佾、穷兵黩武而相互争战之类都是合理的吗？都是"符合历史潮流发展"的吗？显然不能！

当然，我并不是说要恢复孔子所提倡的"礼"，因为这既不可能也毫无必要。但我们可以抽象地去考虑这一问题，因为把"礼"作为社会法律、法规或规范来考虑，那么任何一个社会都需要良好运行的社会法律、法规或规范，没有它，社会就不可能稳定与和谐，经济就不可能获得良性发展。

第三，提倡圣君贤臣政治。

孔子确实借托先王、周公之类圣贤的旗号，对当时国君、执政进行批评。实际上，这不过是孔子当时不得不采取的论证方法而已。如果他不借托这些圣贤的权威，他的思想主张能有说服力吗？而且，借托前代圣贤说事，其实是我国古代许多思想家、学者的常用方式，没有什么可奇怪，也不值得上纲上线进行批判。在我看来，孔子打着这些圣贤的旗号，要求圣君贤臣来治理国家，在当时确实具有一定意义，而且对后世也起到相当大的影响。

更重要的是，孔子强调的是先王、周公那种大一

统时期，企望建立和谐、稳定、富足的社会，反对执政
们为满足自己私欲而收取沉重赋税，反对破坏社会
稳定的不义战争，主张仁者爱人，承认并肯定了人的
价值，反对残酷盘剥百姓，以缓和社会矛盾，这种思
想在当时还是比较先进的，并非是落后倒退的思想。
孔子主张仁政，反对暴政，他说："不教而杀谓之虐；
不戒视成谓之暴；慢令致期谓之贼；犹之与人也，出
纳之吝谓之有司。"(《尧曰》)这种仁政思想对后世
影响确实是很大的，谁也无法否认！

中国人历来信服和盼望"圣君贤臣"式的统治，
实际上是企望有一个政治上比较开明、治国理念上
比较有智慧的统治集团，因为这样的统治集团对国
家发展有好处，而且真正地对广大百姓有好处。孔子
的这一思想确实对后世统治者有教诲意义！

第四，强调个人道德修养。

强调个人的修养，使人弃恶从善，成为真正的君
子，是孔子修养论的核心。在这种修养论中，培养有
高尚道德品质的君子，主张建立人与人之间的良好关
系，期盼出现"老者安之，朋友信之，少者怀之"的理
想社会，这比老子"鸡犬之声相闻，民至老死不相往
来"的小国寡民主张不知要先进多少。而且，我们也
可以坦率地说，当时还有谁提出比孔子更为先进的思
想呢？确实，孔子比前人、当时人要高明得多，这是不
能不给予充分肯定的。

孔子强调"三军可夺帅也，匹夫不可夺志也"
(《子罕》)，"志士仁人，无求生以害仁，有杀身以成
仁"(《卫灵公》)，实际上是指人不可丧失独立的人
格。孔子对那些"不降其志，不辱其身"(《微子》)的

古代贤者称颂不已,从而开创儒家"杀生成仁"、"任重道远"、"舍生取义"的先河。这种肯定独立人格、强调为高尚道德理想而献身的思想,确有相当的积极意义,至今仍有很大的启示意义。

他提出理想主义的教育思想,总结出一套有一定价值的教育方法,主张积极的入世精神,强调人的己身修养,这一切无疑都应该肯定。至于孔子那种重人事、轻鬼神的具有无神论倾向的思想,也是值得充分肯定的。

实际上,孔子理想主义思想已经成为我国传统文化宝库中有相当价值的因素,在世界文化宝库中也占有相当重要的位置。作为一位伟大的政治活动家、思想家和教育家,孔子已被载入世界史册,这是值得我们骄傲的。

但是,我们在充分肯定孔子理想主义思想的同时,也不能忘记他毕竟是生活在2500年之前的"古代圣贤",他的思想是农业社会的产物,符合小农经济发展的趋势,因此不能将他的思想当作万世的准则,因为时代条件早已产生重大变化,孔子思想中虽有某些因素可供我们借鉴与利用,但总体说来已经过时了,它不可能在现今世界的条件下产生重要作用。因此,我们不能同意21世纪将是儒家思想(且不说儒家思想与孔子思想本身就是两个概念)产生重大影响的世纪,不能同意儒学的复活。

儒学研究将永远继续下去,儒学复兴则是一场遥不可及的美丽梦想!

图书在版编目(CIP)数据

《论语》选评/汤勤福撰. —上海:上海古籍出版社,
2011. 12(2013.4重印)

(中国古代文史经典读本)

ISBN 978 - 7 - 5325 - 5963 - 3

Ⅰ. ①论… Ⅱ. ①汤… Ⅲ. ①论语—研究
Ⅳ. ①B222. 25

中国版本图书馆 CIP 数据核字(2011)第 125141 号

中国古代文史经典读本

《论语》选评

汤勤福 撰

上海世纪出版股份有限公司
上 海 古 籍 出 版 社 出版
(上海瑞金二路 272 号 邮政编码 200020)

(1)网址:www. guji. com. cn

(2)E - mail:gujil@ guji. com. cn

(3)易文网网址:www. ewen. cc

上海世纪出版股份有限公司发行中心发行经销
常熟新骅印刷有限公司印刷

开本 635×965 1/16 印张 18 插页 1 字数 183,000
2011 年 12 月第 1 版 2013 年 4 月第 3 次印刷
印数:7,601—9,900

ISBN 978 - 7 - 5325 - 5963 - 3
B · 738 定价:29.00 元

如有质量问题,请与承印公司联系